수학 최상위권을 위한

엄마표
연산 로드맵

<일러두기>
1. 이 책은 개정 교육과정을 반영하여 구성되었습니다.
2. 이 책에서 언급된 나이는 2023년 6월 시행된 "만 나이 통일법"을 기준으로 삼았습니다.
3. 이 책에서 언급된 교재, 도서와 교구는 저자와 아무런 관련이 없습니다.

수학 최상위권을 위한

엄마표
연산 로드맵

+÷ 내 아이가 문제를 틀리는 모든 이유 ×−

김민희 지음

3x2=6

애플북스

연산 학습이 정말 중요한 이유!!!

　"수학은 숫자와 기호를 사용하여 수량과 도형 및 그것들의 관계를 다루는 학문이다" 이런 고리타분한 이야기로 연산 학습을 강조한다면 별로 와닿지 않을 것입니다. 사실 전문적으로 아이를 가르치는 입장에서는 정말 중요한 부분입니다. 하지만 오로지 '아이가 수학을 잘 했으면 좋겠다'라는 생각만으로 아이의 수학 공부를 도와주고, 당장 틀리거나 어려워하는 문제를 해결하는 것에 온통 관심이 쏠린 보호자 입장에서는 개념의 중요성은 별로 와닿지 않을 것입니다. 그렇다고 해도 진심으로 아이가 중, 고등학교 과정에서도 수학을 잘 했으면 좋겠다고 생각하신다면 연산 학습이 정말 중요한 이유와, 놓쳐서는 안 되는 본질을 꼭 기억하시면 좋겠습니다.

초등학생의 연산 학습은 학부모님들께서 특히 주목해야 할 중요한 교육적 요소 중 하나입니다. 연산 학습은 단순히 숫자를 다루는 기술을 넘어서, 아이들의 논리적 사고력, 문제 해결 능력, 그리고 창의력을 발달시키는 데 핵심적인 역할을 합니다. 연산 학습이 생각보다 만만치 않다고 생각한 적이 있으시거나 연산 학습을 시키면서 자녀와 마찰이 있으셨다면 무작정 연산 문제집만 풀리지는 않았는지 또는 개념과 원리를 꼼꼼하게 체크했는지를 점검해야 합니다. 물론 귀찮은 일입니다. 그럴 때는 아래의 본질을 꼭 떠올려 보시기를 바랍니다.

1. 기초 수학 능력의 토대 마련

초등학교 때의 연산 학습은 수학적 사고의 기본을 다지는 과정입니다. 덧셈, 뺄셈, 곱셈, 나눗셈과 같은 기본적인 연산은 복잡한 수학 문제를 풀기 위한 기초입니다. 예를 들어, 아이가 레고 블록으로 탑을 쌓는 것을 상상해보세요. 각 블록은 기본 연산과 같고, 이 블록들을 올바르게 쌓아야만 원하는 구조물을 만들 수 있습니다. 즉, 연산 실력(속도와 정확성)이 튼튼해야만 더 고난도의 수학 문제를 해결할 수 있는 기반을 마련할 수 있습니다.

2. 일상 생활에서의 문제 해결 능력 향상

연산 능력은 일상 생활에서 마주치는 다양한 문제를 해결하는 데 필수적입니다. 예를 들어, 아직 나눗셈을 모르는 아이라도 과자를 친구들과 공평하게 나눠 먹고 싶다면 나눗셈의 개념에 노출되는 셈입니다. 아이가 나눗셈을 이해하고 있다면 훨씬 수월하게 과자를 나눌 수 있습니다. 용돈을 관리하며 얼마를 저축하고 얼마를 사용할 수 있는지 계산하는 능력도 연산 학습을 통해 키울 수 있습니다. 이러한 일상적 상황에서의 문제 해결 능력은 아이들이 독립적이고 자신감 있는 개인으로 성장하는 데 기여합니다.

3. 논리적 사고와 창의력 발달

연산 학습은 논리적 사고를 발달시키는 데 중요한 역할을 합니다. 수학 문제를 풀기 위해서는 주어진 정보를 분석하고 가장 효율적인 해결 방법을 찾아야 합니다. 아이들은 이 과정에서 다양한 해결 방법을 고민하며 논리적 사고력이 발달합니다. 때로는 전혀 새로운 방법으로 문제를 해결하기도 하며, 이는 창의력 발달에도 기여합니다. 예를 들어 여러 수들이 나열되어 있는 문제에서 규칙을 찾거나 두 수의 관계가 무엇인지 생각하는 문제를 풀 때, 탄탄한 연산 실력을 바탕으로 유연한 사고 과정을 통해 창의력이 발달하게 됩니다.

4. 학업 성취와 자신감 향상

연산 실력은 학업 성취에 직접적인 영향을 미칩니다. 수학은 특히 초등학교 교육 과정에서 중요한 비중을 차지하며, 연산 실력이 향상될수록 수학뿐만 아니라 다른 과목의 성적도 향상될 가능성이 높아집니다. 아이가 스스로 문제를 해결하고 그 과정에서 성공을 경험할 때 공부에 대한 자신감도 자연스럽게 올라갑니다. 이러한 자신감은 학습에 대한 긍정적인 태도를 형성하고, 지속적인 학습 의욕을 부여합니다.

연산 학습은 단순한 숫자 다루기 이상입니다. 그리고 아주 중요합니다. 학부모님들께서는 아이의 연산 학습을 지원함으로써 아이가 학교뿐만 아니라 일상생활에서도 더 나은 문제 해결자가 되도록 도울 수 있습니다. 이는 아이의 전반적인 학습 능력 성장과 성공적인 인생을 위한 튼튼한 기반을 마련하는 과정입니다. 따라서 초등학생의 연산 학습에 관심을 가지고 적극적으로 지원해 주시는 것이 중요하며, 제가 알려드린 방법들을 단 한 가지라도 여러 번 반복적으로 실천하신다면 아이의 연산 구멍을 채우고, 연산 실력을 키울 수 있을 것입니다.

② 상위권으로 가는 시기별 연산 로드맵

연산의 시작은 수가 아니다!
분류와 인지능력을 키우는 2-3세

숫자부터 알려주지 말자! 4-5세

기계적인 연산 학습 금지!
연산 로드맵에서 가장 중요한 6-7세

원리를 놓치지 말자! 아직 늦지 않은 8-9세

분수 개념을 이해했는지 확실하게 알 수 있는 10-11세

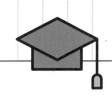

③ 수학을 잘하는 아이 vs 연산만 잘하는 아이

연산만 잘하는 아이가 되는 3가지 원인

수학을 잘 하는 아이가 되는 3가지 방법

1

당신의 아이가
연산을 못하는 이유

연산 학습에 대한
4가지 오해

"6살 아이에게 설명할 수 없다면 당신은 그 개념을 완전히 이해하지 못한 것입니다."

- 알베르트 아인슈타인

　연산에 대한 설명을 할 때 많은 학부모님께 이 이야기로 시작한다. 학부모님들을 만나면서 안타까운 것 중 하나는 내용이 쉽다고 학부모의 입장에서 판단하고 아이와 수학 공부를 한다는 것이다. 사탕 다섯 개를 하나, 둘, 셋, 넷, 다섯이라 세고, 숫자 5로 표현하는 것은 정말 쉬운 개념일까? 고대의 사람들은 사과 2개와 나무 2그루, 사람 2명이 모두 똑같은 2를 의미하는 것을 알기까지 수천 년의 시간이 걸렸다는 데 말이다.

보통 '아이와 수학 공부를 해야지!'라고 생각하면 가장 먼저 연산 학습을 떠올리게 마련이다. 하지만 연산 학습을 어느 시기에 시작해야 하는지, 학습을 시작하기 전에 어떤 수 활동을 해주는 것이 수 개념을 발달시키는 데에 도움이 되는지는 정확하게 모르는 경우가 많다.

아이와 연산 공부를 진행할 때 엄마는 아래의 4가지 오해를 주의해야 한다. 내 아이가 연산을 정말 잘하기를 원한다면 말이다

수와 연산은 쉽지 않다

아직 아이와 연산 학습을 시작하기 전이거나 시작한지 얼마 안되어서 아이가 아주 쉽게 따라온다고 생각하는 분들이라면 이게 무슨 이야기인가 싶을 것이다. 혹은 아이가 수에 천재적인 감각 또는 폭풍 관심을 갖고 있는 경우에도 말이다. 하지만 연산 학습을 시작한지 1-2년이 지났는데도 여전히 아이가 덧셈, 뺄셈 과정을 하고 있거나 아무리 연습해도 연산 속도가 빨라지지도 않고, 자꾸 실수하는 모습을 보인다면 공감할 것이다. 수와 연산의 학습 방법은 굉장히 쉬운 것처럼 보이지만, 오해이다. 연산 문제집만 푼다고 연산 실력이 늘지는 않는다. 아이가 하나, 둘, 셋을 세다가 3개에서 1개가 줄면 2개라고 바로 인지하는 것은 불가능에 가깝다. 그렇기 때문에 연

산 문제집을 너무 일찍부터 준비해서 아이가 풀게 하면 절대 안 된다. 최소한 연산 학습을 본격적으로 시작하기 전에 수 관련 놀이나 교구 활동에 1년 정도는 노출되어 있어야 한다. 수 관련 놀이나 교구 활동은 2장에서 다시 소개하겠다.

연산 실력 없는 사고력, 심화 활동은 의미가 없다

아직 덧셈구구를 잘 못하는데 덧셈구구를 이용한 교과 심화 문제나 규칙 문제 등을 쉽게 해결하기는 어렵다. 아이가 그런 문제를 어려워하면 '문제 이해력이 부족한가? 사고력이 약한가?'라고 생각하는 경우가 많다. 하지만 이는 오해이다. 연산이 잘 안 되면 문제 이해도 잘 안 된다. 연산하느라 문제에서 읽었던 조건을 잊어버리고 오답을 내놓는다. 정리하자면, 문제를 해결하기 위해 기능적으로 필요한 연산이 안 되기 때문에 문제를 읽으면서 자연스럽게 연산 처리가 되지 않아 어려워하는 것이다. 연산이 정말 잘 되어 있는데도 문제 해결이 안 된다면 그때 문제 이해력을 고민하면 된다. 종종 연산은 중요하지 않고, 시간이 지나면 다 된다고 이야기하는 경우를 본다. 사실 고등 과정을 잘 따라가고, 만점을 받기 위해 수업을 듣는 학생들은 기본적으로 연산을 잘한다. 그러니 연산을 잘하는 학생만 보고 '연산은 중요하지 않다'고 말하는 것은 위험하다.

학교 수업만으로는 연산이 안 된다

초등 수학 교과 과정은 학년, 학기별 영역을 고르게 할 수 있도록 단원이 구성되어 있다. 예를 들어 1학년 2학기 때에 100까지의 수를 배우고, 2학년 1학기에 세 자릿수, 2학년 2학기에 네 자릿수를 배운다. 수에 대해서 잘 이해하고 체계가 잡힌 아이들은 6개월 간격으로 배우는 각 단원의 내용을 소화하기가 어렵지 않다. 하지만 수가 약한 아이들에게 6개월의 간격은 100 전의 두 자릿수에서 세 자릿수까지 이해하기에는 물리적으로 짧은 시간이다. 학기 중 해당 단원을 학습하는 기간이 약 3-4주가량이라고 하면, 그 안에 수와 연산을 숙련되게 익히기는 어렵다. 수와 연산은 단순히 답을 낸다고 해서 실력이 있다고 할 수 없다. 학년이 올라가도 흔들림 없는 실력을 쌓으려면 빠르고 정확하게 푸는 연습이 필요하다. 학교 수업만으로, 교과 문제집 한 권 푸는 것만으로 연산 실력 쌓기는 어렵다는 것을 잊지 말자

남한테 맡긴다고 해결되지 않는다

연산 학습을 학원이나 학습지 선생님께 맡기면 뭔가 다 잘 될 것만 같은 생각이 들 수 있다. 하지만 아쉽게도 오해이다. 학원이나 학

습지의 효과가 없어서는 아니다. 연산 실력은 꾸준히 학습하는 것만큼이나 체크가 중요하다. 아이들은 지면에 인쇄된 문제를 푸는 것과 말로 물으면서 답하는 것 중 구두 학습을 더 어렵게 느낀다. 문제부터 집중해서 들어야 하는데 연산 실력이 탄탄하지 않으면 답하는 속도가 느려지거나 오답을 말하거나 자꾸 문제를 다시 묻는다. 그렇기 때문에 안정적인 연산 실력을 기르려면 오늘 공부한 연산 문제로 다음날 구두 연습을 해야 한다. 이 방법은 문제집 2권을 푸는 효과가 있는 동시에 집중력과 연산 실력을 함께 향상시킬 수 있다. 아이가 연산 학습을 하기 싫어해서 차라리 연산 수업을 시켜볼까 고민하고 있었다해도 학부모의 꾸준한 체크가 필요없는 것은 아니라는 사실도 함께 고민해보길 바란다.

잘못된 5가지
연산 학습

본격적인 수와 연산 활동 또는 학습을 시작하기 전에 꼭 체크해야 하는 5가지 항목이 있다. 이것들을 모르고 진행할 경우 "열심히 노력했지만 왜 실력이 오르지 않지?"라는 고민을 피할 수 없을지도 모른다.

손의 힘이 약한데 문제집부터 풀지 말자

첫째, 손의 힘이 아직 부족한데 연산 문제집을 시작하는 것은 좋지 않다. 첫 단계로 시작하는 연산 문제집에는 보통 스티커를 개수에 맞게 붙이거나 알맞게 연결하기, 숫자 쓰기 같은 부분이 나온다. 이때 손의 힘이 약한 친구들은 스티커 떼기를 힘들어 하거나 숫자를 네모 칸 안에 잘 맞춰 쓰는 것에 신경 쓰느라 정작 연산 학습에 대한 집중력은 떨어지는 모습을 보인다.

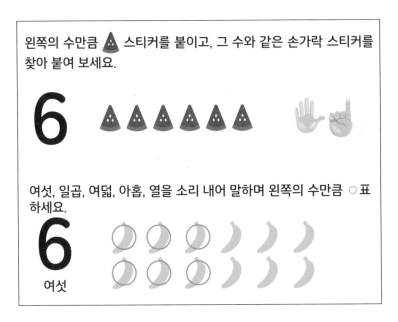

손의 힘이 약한 아이들은 수를 잘 알고 빠르게 익혀나가는 모습을 보여도 교구 중심의 연산 활동이나 말로 묻고 답하는 방식으로 연산 학습을 하는 것이 좋다. 연산 문제집을 푸는 것이 지겨울 수도 있는데, 힘들게 연필을 잡느라 학습의 흥미를 떨어지게 하지 말자.

정답을 구한다고 연산을 잘한다고 생각하지 말자

둘째, '답을 잘 맞힌다=연산을 잘한다'고 생각하는 것은 금물이다. 이게 무슨 소리인가 싶을 것이다. 하지만 유아, 초등 수학 과정에서는 정답을 맞히는 모습 만으로 아이가 내용을 정확하게 모르는데도 잘 알고 있는 것으로 판단 하는 경우가 상당히 많다. 이 단계에서는 중, 고등 수학 과정에 비해 훨씬 쉬운 개념을 묻기 때문에 정확하게 몰라도 '그럴 것 같아서' 정답을 고르는 경우가 더러 있다. 그리고 연산은 특히, 단기 기억력이 좋은 친구들이 연산식의 정답을 외워 버리는 모습이 많이 나타난다. 특히 조심해야 하는 부분이다. 많이 연습하면 식과 답이 통째로 기억에 남을 수 있다. 하지만 연산 학습에서 중요한 것은 지금 연습하는 연산 학습을 잘 기억하는 것이 아니라, 수의 체계와 연산 원리를 정확하게 이해해서 자릿값이 많아져도 동일한 원칙을 적용해 풀 수 있는 능력이다. 내 아이가 머리가 좋다고 생각한다면 연산 식과 답을 외우고 푸는 것은 아닌지 점검해 보자.

단계를 점프하지 말자

셋째, 연산을 잘한다고 단계를 뛰어넘지 말아야 한다. 수학을 잘

하는 아이들과 내 아이의 연산 진도를 비교하며 급하게 진도를 나가는 경우도 많이 본다. '연산을 잘한다'의 기준이 정확하게 무엇인지도 점검을 해봐야 하지만, 학습은 단계를 차근차근 밟아가는 것이 좋다. 문제만 보고 '이 정도는 우리 아이가 할 수 있는데?'라고 섣부른 판단을 하지 말자. 쉬워 보이는 내용의 연산 문제집 1권을 풀며 투자한 1개월의 시간은 상위 학년에서 연산이 잘 안 되어 3-6개월 애쓰며 보내야 하는 시간을 막아줄 것이다. 여유를 갖고 차근차근 연산 실력을 다져 나가면 어느새 빠르고 정확해지고, 연산 학습량을 줄이거나 아예 안 해도 되는 순간이 온다.

한 번에 많이 풀지 말자

넷째, 아이가 연산 문제집 푸는 것을 너무 좋아하고 잘해도 한 번에 많은 양을 풀도록 하지 말아야 한다. 연산 학습은 수학 학습의 규칙적인 습관을 형성해주는 기반이 된다. 보통 한 번에 몰아서 문제를 푸는 아이들은 한동안 아예 풀지 않는 모습을 보이기도 한다. 차라리 일주일에 한 번을 풀더라도 규칙적인 패턴으로 진행하는 것이 효과적이다. 못하는 부분이 있어서 한 번에 많은 양을 연습하는 일도 피하는 것이 좋다(초등 3학년 이상이 되어서 부족한 부분을 복습해야 하는 상황은 제외한다). 유아나 초등 저학년 친구들은 수 개념이 아직 부족해서 연산 실력이 빠르게 늘지 않는 경우가 많다. 수 개념을 형성하는 데에는 시간이 필요하다. 연산이 빨리 늘지 않는다고 조급해 하지 말고 근본적인 원인을 찾아 해결할 때까지 연산 진도는 속도를 조절해 보자.

연산 학습에 난도가 있다고 주입하지 말자

다섯째, 한 자릿수 덧셈보다 두 자릿수, 세 자릿수 덧셈이 더 어렵다는 인식을 심어주면 안 된다. 수의 체계와 양감을 잘 익힌 경우, 한 자릿수 덧셈에서 배운 원리는 두 자릿수에 적용할 수 있다. 그러려면 수와 연산의 원리를 이해하면서 연산 학습을 해야 한다. 자릿값이 많아진 것은 그냥 덧셈을 한 번 더해야 하는 것일 뿐이다. 학생들을 테스트해보면 이렇게 말 하는 친구들을 많이 보게 된다.

'이 문제는 안 풀어봐서 못 풀겠어요!'

우리 아이가 수학 학습에 이런 생각을 갖고 있다면 빨간불이 들어온 것으로 인식해야 한다. 앞으로 수학 공부를 힘들게 해 나갈 수도 있기 때문이다.

2

상위권으로 가는 시기별 연산 로드맵

연산의 시작은 수가 아니다!

분류와 인지능력을 키우는 2-3세

연산 학습은 숫자를 알려주거나 수 세기로 시작한다고 생각하는 경우가 많다. 하지만 연산 학습의 시작은 분류하기에서 시작된다. 수 세기를 할 때를 생각해보자. 어린이집 같은 반 친구가 몇 명인지 셀 때 같은 공간에 있는 장난감이나 인형을 함께 세지는 않는다. 사람은 사람끼리, 장난감은 장난감끼리, 인형은 인형끼리 센다. 너무도 당연하고 쉬워 보이지만, 2-3세 시기에 분류 활동을 많이 해보고 분류 개념을 형성해 나가는 것은 수학을 잘 하기 위해 매우 중요하다.

사람과 강아지는 같이 셀 수 없다! 분류 개념의 중요성

위의 그림을 보고 모두 몇 명인지 묻는 질문이 성립할까? 또는 모두 몇 마리인지 물어볼 수 있을까? 두 가지 질문 모두 적당하지 않다. 하지만 아이들에게 위 그림을 보고 수학 문제를 만들어보라고 하면 서슴지 않고 덧셈 문제를 내는 경우가 있다. 분류와 덧셈에 대한 개념이 정확하지 않다는 것을 알 수 있는 부분이다.

유아 시기에 배우는 분류 개념은 굉장히 쉬운 것이라고 생각하고 가볍게 넘어가는 경우가 많다. 하지만 분류 개념은 수학 전 영역에 걸쳐 기본이 되는 개념이다. 수를 더하거나 뺄 때 분류가 먼저라고 말한 것 이외에도, 도형 영역에서 평면도형과 입체도형으로 분류하고 각각의 뜻이 무엇인지 살펴보고 어떤 것들이 포함되는지 배우는 과정 또한 분류 개념을 기본으로 한다.

유아들은 분류를 할 때 가장 먼저 모양, 색깔 등 시각적 인지 내용을 기준으로 분류한다. 모양과 색깔 분류 기준이 익숙해지면, 그 다음으로는 개수, 크기 등의 분류 기준을 익히고, 추상적인 분류 기준(동물과 식물, 생물과 무생물 등)으로 분류 활동을 할 수 있다. 상위개념과 하위개념을 연결하는 분류 활동은 수학뿐만 아니라 학습을 할 때 중요한 공부 방법이므로 유아 때부터 생활 속에서 다양하게 분류 개념을 접할 수 있도록 반복적으로 노출해주는 것이 좋다.

분류 개념을 익힐 수 있는 생활 속 3가지 활동

아이와 분류 관련 활동을 할 때 분류 개념을 익히는 순서를 먼저 알아야 한다. '인지 ⇨ 시각적 기준 분류 ⇨ 추상적 기준 분류' 순으로 진행하는 것이 좋다. 예를 들어 아직 학용품을 사용해 본 경험이 상대적으로 적은 2-3세 시기에는 학용품에 속하는 물건에 대한 인지가 충분하지 않을 것이다. 인지가 안 된 물건들을 분류하기는 어렵기 때문에 아이가 관심이 있는 카테고리로 분류 활동에 노출하는 것이 좋다.

첫 번째 활동은 같은 동물이나 물건이 나오는 책을 찾는 활동이다. 인지능력을 확인하기 위한 활동으로, 아이와 책을 읽다가 공룡이 나왔다면 공룡이 나온 다른 책을 찾아보는 것이다. 또는 공룡 장난감, 공룡 그림, 공룡이 나왔던 영상 등을 연결해서 찾아본다. 아이가 알고 있는 공룡이 여러 가지 다른 방식으로 표현된다는 사실을 확인하고, 모두 같은 공룡을 나타내는 것이라고 연결해주기 위한 활동이다.

엄마　태선아, 여기 나온 공룡 어제 본 책에도 있지 않았어?

아이　응 맞아~

엄마　어디 있지? 한번 찾아볼까?

아이　내가 찾아볼게~

엄마　여기 있는 공룡 우리 집에도 있는 것 같아! 어디 있더라?

아이　(공룡 장난감을 열심히 찾는다)여기 있다!!

엄마　우와! 책에 있는 공룡이랑 진짜 똑같다! 이빨이 뾰족한 것도 똑같고, 발톱이 날카로운 것도 똑같아!

수학을 잘하는 아이들을 관찰해보면 다양한 수학 활동으로 배운 개념을 다시 같은 개념으로 연결하는 능력이 좋다. 2-3세 시기에는 수에 무리하게 노출하기 보다는 수학을 잘 하기 위해 꼭 필요한 인지 능력 발달에 도움이 되는 활동을 자연스럽게 하는 것이 효과적이다.

두 번째 활동은 집 정리하기이다. 집에서 물건을 정리할 때나 냉장고 물건을 정리할 때 분류하기를 할 수 있는 상황이 상당히 많이 발생한다. 예를들어 세탁기에서 빨래를 꺼내고 널 때 아이 옷, 엄마 옷, 아빠 옷을 분류해보는 것이다. 또는 가지고 논 장난감을 비슷한 종류끼리 정리해본다. 집 정리하기 활동에 아이를 참여시키면 자연스럽게 분류 개념을 발달시키는 데에 도움이 된다. 인지 개념 발달에 도움이 되는 활동을 충분히 하고 시각적 분류 활동을 할 수 있는 가장 쉬운 방법이다.

엄마   태선아~ (세탁물을 가리키며) 여기서 양말만 찾아 줄래?

이때, 아이만 움직이게 지시하는 것보다 승부욕을 자극하는 것이 훨씬 효과적이다

엄마   태선아~ 엄마랑 태선이랑 누가 더 빨리 양말을 많이 찾나 시합해볼까?
        자! 그럼 시작!

처음에는 양말 분류처럼 모양이 비슷한 것끼리 분류할 수 있는 활동을 한다. 이후에 옷의 크기를 비교하는 활동을 함께 하며, 특히 크기를 비교하는 표현을 사용하면 좋다.

엄마 엄마 옷보다 아빠 옷이 더 크다. / 태선이 바지보다 아빠 바지가 더 길다.

'~보다', '~하다' 라는 비교 표현은 수학 문제에서 자주 사용되는 표현이다. 측정 개념을 배울 때도 익히게 되지만, 다양한 상황에서 다양한 비교 표현에 아이를 노출하는 것은 분명 효과적이다. 수의 개념이 형성되어 갈 때 비교 표현을 사용해서 수의 크기 비교를 나타내면 수 영역 문제를 이해할 때도 많은 도움이 된다.

세 번째 활동은 재활용품 버리기이다. 2-3 아이와 재활용품을 버리기가 가능할까? 어렵지 않을까? 그렇게 생각할 수도 있지만, 캔류를 버릴 때 모양이나 특징을 설명하면서 캔류가 어떤 것인지 이해할 수 있다. 시각적 분류 활동을 충분히 한 뒤, 추상적 분류 기준 활동을 하는 데에 좋은 활동이다.

엄마 태선아, (음료수 캔을 보여주며)이렇게 생긴 것 찾아서 엄마 줄래? 바닥이 동그랗고 길쭉하게 생긴 것도 있고, 납작하게 생긴 것도(참치캔과 같은 것) 있어. 색깔은 반짝반짝한 은색이야. 이렇게 빛이 비치면 빛나는 것처럼 보이는 색깔이 은색이야.

분리수거는 사고력수학 문제집에서도 등장한다.

위 그림은 교재의 분류하기 영역에서 쉽게 볼 수 있는 문제 유형인데, 아이들이 많이 틀린다. 플라스틱류나 병류 등을 잘 분류하지 못하기 때문이다. 생활에서 익숙한 일들이 수학과 상당히 많이 연결된다는 것을 기억하고, 그 상황에서 수학을 아이에게 자연스럽게 노출해보자.

학습이 아닌 활동으로 수학과 친해지자

상호작용을 잘 하는 것도 2-3세 아이들이 갖춰야 할 중요한 학습 태도 중 하나이다. 아직 말이 서툴어도 엄마를 마주 보고, 눈이나 얼굴 표정으로 반응을 보이고 따라하는 행동으로 아이가 활동에 대해 잘 이해하고 있음을 충분히 판단할 수 있다. 상호작용을 잘 하려면 지시사항이 어렵거나 까다로워서는 안되고, 아이가 느끼기에 친숙하고 재미있어 보여야하므로 전달 방법에 대한 고민이 가장 중요하다. 수학을 따분한 공부가 아닌 재미있는 놀이로 생각할 수 있도록 접근하는 3가지 방법을 소개한다.

첫째, 놀이터를 활용하자. 놀이터에 있는 모든 것이 수학이라 생각할 수 있다. 그네를 타면서 높이의 변화를 나타낼 수 있고, 땅바닥에 있는 돌멩이를 주워 개수를 셀 수 있고, 미끄럼틀 계단을 밟으며 순서수를 익힐 수 있다. 또는 놀이터로 나갈 때나 돌아올 때의 시각을 이야기하는 것, 특히 '10분만 더 놀고 집에 들어가자'라는 말로 시간에 대한 개념을 노출할 수 있다. 놀이터에서 아이가 좋아하는 기구를 조작할 때를 놓치지 말고 수학적 의사소통을 시도해보자. 다양한 수학 개념을 자연스럽게 익히게 될 것이다.

둘째, 몸을 움직이면서 개념을 배울 수 있도록 하자. 2-3세는 대근육 발달이 이뤄지는 시기이기 때문에 몸을 움직이는 활동을 많이 하는 것이 효과적이다. 예를 들어 돌멩이 10개를 찾아서 나무 아래로 옮기기, 집에 있는 빨간색 물건 10개 찾기, 마트에서 우유가 있는 곳 찾기 등이 있다. 수를 셀 때 한 자리에서 하나씩 세는 것을 여러 번 반복하면 아이들이 지루하게 생각할 수 있다. 돌멩이를 찾은 뒤 주워서 옮기는 활동으로 진행하면 훨씬 재미있게 수를 세는 모습을 보인다. 집에 있는 빨간색 물건 10개 찾기 등을 할 때 아이가 이동하는 경로를 보면 사고를 하는 중인지 알 수 있다. 예를 들어 자신이 봤던 빨간색 물건을 기억했다가 그 물건이 있을 만한 장소에 가서 찾는 활동을 한다면, 물건을 빨리 찾기 위해 고민하고 생각했다는 것을 알 수 있다. 하지만 아무 곳에서나 빨간색 물건을 찾으려고만 한다면 아무래도 관찰하는 정도의 활동을 하는 중일 것이다. 그렇기 때문에 아이의 행동을 살펴보면서 적절한 발문을 통해 생각을 유도해보면 좋다.

셋째, 누가누가 빨리하나? 게임으로 진행하자! 수학 학습을 하려면 아이에게 일방적으로 시키는 것보다 엄마와 아이가 함께 할 수 있는 활동을 진행하는 것이 아이가 수학 학습에 대한 긍정적인 경험을 하기에 더 효과적이다. 특히 승부욕을 자극시켜서 진행할 경우, 높은 집중력을 요구하기 때문에 자연스럽게 활동에 몰입함으로써 학습효과가 높아진다. 예를 들어 달리기 시합, 빨리 찾기 시합, 기억하기 게임, 가위바위보 게임 등이 있다. 달리기 시합으로 등수를 나타내어 순서에 대한 의미를 배울 수 있다. 기억하기 게임은 메모리 카드 게임 등을 의미하는데, 웩슬러 검사(Wechsler Intelligence Scale for Children, WISC: 6-16세의 아동을 대상으로 하는 신뢰도 높은 종합 인지 능력 평가 검사-편집자 주)에도 그림을 기억한 뒤 여러 가지 그림 중에 다시 고르는 항목이 있으므로 지능 발달 측면에서도 기억력 게임을 많이 하는 것이 좋다. 가위바위보 게임은 수의 개수를 셀 때 가위바위보를 해서 이긴 사람이 과자를 가져가고, 과자가 없어질 때까지 진행하는 방식이다. 가져간 과자의 개수를 세어 많이 가져간 사람이 이긴다. 룰은 간단하지만, 수 세기를 반복 학습할 때 훨씬 더 재미있게 할 수 있다.

숫자부터 알려주지 말자!
4-5세

처음 한글을 배울 때를 생각해보자. '나비'라는 글자를 익히려면 먼저 나비가 무엇인지 알고 있는 상태에서 글자를 배울 것이다. 아이들은 책 또는 영상을 통해 나비를 직, 간접적으로 보는 경험을 충분히 하게 된다. 나비를 가리키고 나비라는 말을 먼저 한 뒤, '나비'라는 글자를 배운다. 숫자도 마찬가지이다. 1, 2, 3 등의 숫자를 먼저 눈으로 익히는 것이 아니다. '하나, 둘, 셋'이라고 물건의 개수를 충분히 세어보고 숫자를 익히는 것이 알맞은 순서이다.

숫자는 개수가 10개밖에 안 되어 쉽고 빠르게 익힐 수 있다고 생각 하지만, 그렇지 않다. 한글이나 알파벳보다 더 어렵다. 위치에 따라 부르는 명칭이 달라지고, 수의 값도 달라지고, 숫자를 읽는 방법이 한 가지가 아니기 때문이다. 예를 들어 숫자 2를 '이'라고 읽기도 하고, '둘'이라고 읽을 때도 있는 것처럼 말이다. 수의 개수나 순서 등에 대한 개념 노출이 충분하지 않았을 때는 숫자를 알려주기보다 수의 개념을 익히는 활동에 초점을 두도록 하자.

뜻도 모르고 숫자 공부? 수의 개념화와 양감의 중요성

개념화란 어떤 용어를 사용할 때 그게 무엇을 의미하는지 정확하게 구체화하는 과정을 말한다. 수의 개념화는 수의 의미를 정확하게 이해하고 구체화하는 것을 뜻한다. 설명이 어렵게 느껴질 수 있지만, 인형 1개, 나무 1그루, 사과 1개가 모두 같은 1을 의미한다는 사실을 이해하는 것을 말한다. 즉 위의 그림을 보고 공통점이 무엇인지 물을 때, 모두 1개라고 이야기할 수 있어야 한다.

수의 개념화를 익히기 위해 다음과 같은 활동을 많이 해보는 것이 좋다. 아이들과 직접 카드를 만들어보면 훨씬 효과적이다. 예를 들어 숫자 6이 쓰여 있는 카드, 6개의 양을 나타내는 다양한 그림 등을 표현해서 카드를 구성하는 것이다. 각 숫자별로 5장 정도씩 만들고, 같은 카드끼리 찾아 기차처럼 연결해서 이어붙이는 활동을 해 보자.

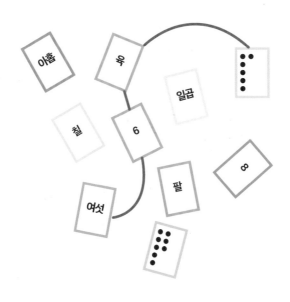

　쉬워 보이는 활동이지만, 사실 굉장히 중요한 활동이다. 수의 의미를 정확하게 이해했다는 것은 추상적인 개념이라서 정확하게 판단하기 어렵다. 때문에 아이의 이해도를 잘못 판단하는 경우가 많다. 수의 개념화가 잘 되어 있지 않으면 연산 학습을 열심히 해도 실력이 빠르게 늘지 않으니 꼭 명심하자.

수의 개념화 다음으로 확인해야 하는 것이 수의 양감이다. 양감이란 양이 얼만큼 있는지 정확하게 셀 줄 알고 어림하는 감각을 의미한다. 수의 개수를 셀 때 손가락으로 하나씩 짚는 방식을 충분히 연습 하고 나서는 5개 이하 정도면 직관적으로 개수 파악을 하고, 10개 이하는 눈으로 정확하게 개수를 셀 줄 알아야 한다. 손가락을 펴서 개수를 보여줄 때나 규칙적인 배열의 개수를 셀 때는 단순히 물건을 셀 때보다 직관적으로 수량을 답할 수 있어야 한다. 10개가 넘은 개수를 셀 때는 하나씩 세는 연습도 하지만 10개를 1묶음으로 묶어서 세는 방법을 익히는 것이 좋다. 수의 양감이 부족한 아이들은 가르기와 모으기 등을 빠르게 익히지 못하고, 연산 학습을 많이 해도 실력 향상이 더디게 나타나는 모습을 보인다.

활용 백 배! 수카드 만들기 & 활용 Tip 3가지

사실 수카드는 쉽게 살 수 있지만, 아이들과 수카드 만들기 활동을 하는 것이 연산 문제집을 푸는 것보다 수 학습에는 훨씬 효과적이다. 수카드 만들기를 통해서 숫자 쓰기, 수에 대한 의미, 수의 양감 등을 모두 경험할 수 있기 때문이다.

수카드를 만드는 방법은 앞면에는 숫자를 1부터 10까지 쓰고 뒷면에는 숫자만큼의 양을 나타낸다. 아이가 1~10 범위를 잘 익혔다면 20, 30 순으로 수를 확장하면서 수카드를 만들어본다. 수카드는 다양하게 활용할 수 있기 때문에 다 만들고 코팅해서 보관하는 것이 좋다.

수카드를 이용한 활동 3가지를 추천한다. 개념을 익히는 순서와 난이도를 고려해서 구성하였기 때문에 첫 번째 활동을 여러 번 하고, 방법을 변형해서 진행하는 식으로 충분히 경험한 뒤 두 번째 활동을 하는 것이 효과적이다.

Tip 1. 수 세기 활동이다. 종이컵에 수카드를 꽂고, 종이컵에 해당 수만큼의 과자를 담는다. 과자 이외에도 다른 간식이나 부피가 작은 장난감 등으로 대체할 수 있다. 아직 숫자를 못 읽는 경우에도 이 활동을 할 수 있다. 수카드 뒷면에 양이 표현되어 있기 때문에 일대일 대응을 시켜 개수를 넣을 수 있다. 자연스럽게 수 세기를 많이 하면서, 숫자와 양의 개수를 연결하는 활동도 할 수 있다.

Tip 2. 수량과 숫자를 매칭하는 활동이다. 주사위를 던져서 주사위의 눈만큼 카드를 찾는 것이다. 주사위의 눈은 1부터 6까지 있기 때문에 활동을 시작하기 전에 주사위 눈을 아이가 할 수 있는 수 범위로 조금 변형하는 것이 좋다. 예를 들어 아이가 5까지의 모으기를 빨리 할 수 있다면, 주사위 2개를 준비해서 주사위 하나 당 1, 2, 3은 그대로 두고 나머지 숫자를 0, 1, 2로 바꿔서 진행하는 식이다. 동그란 스티커를 준비해서 붙이면 주사위 눈을 다양하게 변형해 진행할 수 있다. 방법은 주사위 2개를 던져서 나온 눈의 수를 세서 알맞은 카드를 찾는 것이다. 이때 좀 더 활동적으로 진행하고 싶다면 부피가 큰 폼 주사위로 준비하고, 수카드는 바닥에 깐 뒤, 알맞은 수 카드를 발로 밟아서 찾는 것이다. 다이내믹하게 움직이면서 활동할 수 있어 아이들도 상당히 좋아한다.

● 폼 주사위

Tip 3. 가르기와 모으기 활동이다. 종이컵에 수카드를 꽂고 공을 굴려서 종이컵을 쓰러뜨리는 것이다. 수카드를 꽂은 종이컵을 볼링핀 배열로 세운 뒤, 종이컵에서 카드가 떨어지거나 종이컵이 쓰러진 개수를 파악해서 쓰러지지 않은 개수를 구하고 승부를 가르는 게임이다. 종이컵은 생각보다 안정감 있는 물건이라 잘 쓰러지지 않는경우도 있다. 그렇기 때문에 종이컵에서 카드가 떨어져도 쓰러뜨린개수로 포함해서 센다. 쓰러져 있는 개수가 많으면 남아있는 개수를세서 10의 보수를 제대로 찾는지 살펴본다. 또는 남아있는 수카드를 보고 어떤 수가 쓰러졌는지 찾는 활동도 할 수 있다. 이 활동으로수의 순서와 크기를 생각할 수 있다. 수 가르기와 모으기를 하려는전체 수는 꼭 10이 아니어도 된다. 7, 8, 9 등 적은 수로 진행하거나11, 12, 13 등 많은 수로 진행해보는 것도 효과적이다.

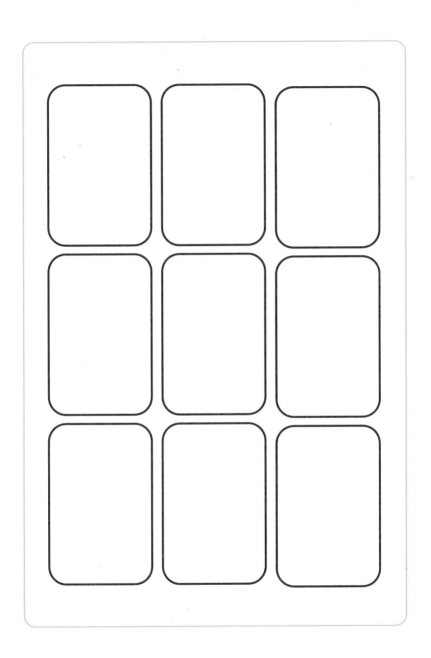

●● 수카드 활동

멀티교구, 연결큐브를 이용한 3가지 활동

연결큐브는 수와 연산 관련 활동 시 꼭 갖고 있으면 좋은 수학 교구이다. 또 길이, 넓이, 분수 등 다른 영역을 배울 때도 활용도가 높다. 연결큐브는 종류가 여러 가지인데 어떤 것이든 상관없다. 단, 큐브를 끼웠다 뺐다 할 수 있는지 확인해야 된다.

연결큐브를 이용한 활동 3가지를 추천한다. 첫째, 수카드를 보고 똑같은 양으로 나타내기이다. 같은 개수임에도 5개를 넓게 펼쳐 놓을 때와 모아 놓았을 때, 양이 다르다고 착각할 수 있다. 양감이 약한 친구들은 이러한 활동을 직접 해보면 좋다.

●● 연결 큐브

엄마 (5개를 넓게 놓으며)태선아, 이렇게 놓을 때와 (5개를 모아 놓으며)이렇게 놓을 때 중에 언제가 더 많은 것 같아?

또는 두 수의 크기를 비교할 때, 연결큐브를 끼워서 세워서 비교하고 옆으로 눕혀서 비교해보기도 한다. 같은 양을 높이로 비교할 때와 길이로 비교할 때의 차이가 없다는 것을 감각적으로 느끼게 하기 위해서이다.

엄마 3카드랑 5카드가 나왔네. 그럼 연결큐브를 3개, 5개 끼워서 세워서 비교해볼까? 어떤 것이 더 높아?

아이 5개.

엄마 아! 5개가 3개보다 더 높네. 5개가 3개보다 더 높으니까 5가 3보다 더 크네.

길이도 마찬가지로 비교 표현을 사용해서 이야기해준다.

둘째, 가위바위보를 한 뒤 결과에 따라 연결큐브를 한 움큼 가져가고, 많이 가져간 사람이 이기는 게임이다. 한 움큼이 얼마큼인지 단어를 사용하면서 아이한테 보여준다. 엄마와 아이가 게임을 한다면 엄마는 한 움큼, 아이는 두 움큼 가져가는 것으로 룰을 바꾼다. 여러 번을 반복한 뒤, 가져간 연결큐브를 셀 때 하나씩 세지 말고, 묶어 세기를 할 수 있도록 보여주는 것이 좋다. 개수가 많을 때는 하나씩 세면 실수할 수도 있고, 시간이 많이 걸리기 때문에 묶어 세는 것이 효율적이라는 것을 알려주기 위해서이다. 이러한 방법으로 게임을 반복하다가 룰을 하나 추가할 수 있다. 50개를 먼저 채우거나, 50개에 가깝게 채운 사람이 이기는 것이다. 게임을 진행하는 과정에서 수를 정확하게 세고 기억하는 연습도 되고, '50에 가깝다'가 작든 크든 50과 많이 차이가 나지 않는다는 것을 배우기 위해서이다. 수학 문제집에서 '어떤 수에 가깝다'라는 표현을 쉽게 볼 수 있는데, 아이들이 많이 범하는 오류 중 하나가 '50보다 작으면서 50에 가까운 수'를 생각하는 것이다. 때문에 이런 표현들을 활동 중에 자연스럽게 노출하면 도움이 된다.

셋째, 가르기와 모으기 활동판에 가르기 모으기 연습을 하는 것이다. 다음의 가르기 활동판을 180도 돌려서 사용하면 모으기 활동판이 된다. 가르기 모으기 1단과 2단 중에 1단 연습을 충분히 한 뒤, 2단을 사용하는 것이 좋다. 가르기 모으기 2단 활동판을 활용하는 방법은 '9를 서로 다른 수로 가르기 하기' 또는 '서로 다른 수를 이용하여 9 만들기' 등으로 진행한다. 2단 활동판은 다소 난이도가 있는 활동이기 때문에 2부터 10까지의 가르기와 모으기가 자유로울 때 진행하는 것이 좋다. 2단 활동판을 이용해 9 만들기를 여러 가지 방법으로 할 수 있다면 연산 감각이 좋다고 판단할 수 있다.

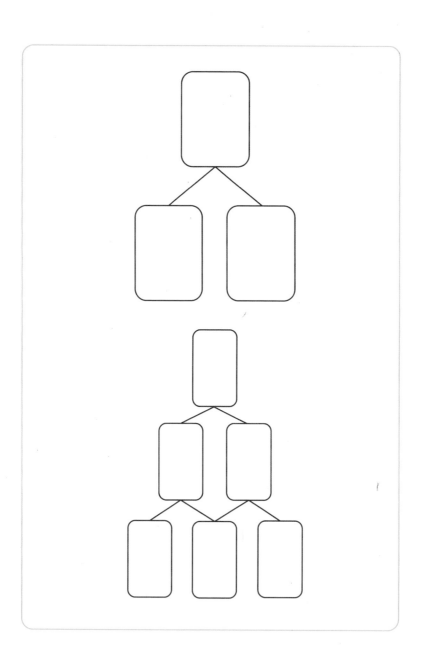

연산 문제집 또는 학습지 고르는 방법

보통 4-5세 시기에는 연산 문제집을 많이 시작하는 편이다. 하지만 모두가 꼭 시작해야 하는 것은 아니기 때문에 아이가 소근육 발달이 좀 더 필요하거나 수와 연산 활동을 많이 해보지 않았다면 시작 시점을 늦출 것을 먼저 당부하고 싶다.

연산 학습을 어떻게 해야 할지 선택하려면 우선 연산 학습을 할 수 있는 방법에 어떤 것들이 있는지를 먼저 살펴보는 것이 좋다. 연산 학습은 크게 '문제집'과 '연산 수업'으로 나눌 수 있다. 엄마표로 진행할 수 있는 연산 문제집은 연령에 따라, 아이의 성향에 따라, 학습 완성도에 따라 선택할 수 있고 연산 수업은 학습지, 주산, 센터 등이 있다.

4-5세 시기에는 문제집을 할지, 수업 중 학습지를 할지 고민을 많이 하는 편이다. 연산 문제집의 장점은 비용이 적게 발생하고, 아이 속도에 맞춰서 진행 속도나 학습량을 조절할 수 있다는 것이다. 하지만 속도나 정확성이 기준에 도달했는지 판단하기가 쉽지 않다. 또한 규칙적으로 학습하지 못하는 경우도 발생한다.

학습지를 선택할 때의 장점은 체계적인 관리가 가능하고, 학습 습관 형성에도 효과적이라는 것이다. 하지만 학습지의 연산 문제는 단순 반복 형태이기 때문에 아이가 지겨워하거나 하기 싫어하는 모습도 많이 보인다. 정리하자면, 꾸준하고 규칙적인 엄마표 학습 진행

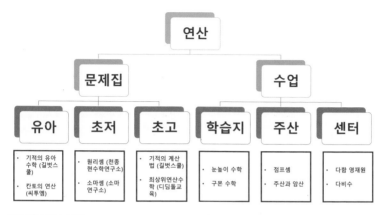

●● 연산 학습 방법

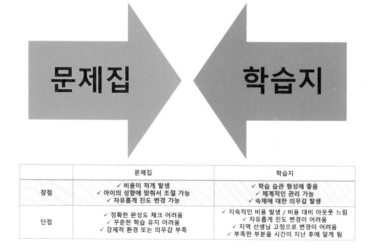

	문제집	학습지
장점	✓ 비용이 적게 발생 ✓ 아이의 성향에 맞춰서 조절 가능 ✓ 자유롭게 진도 변경 가능	✓ 학습 습관 형성에 좋음 ✓ 체계적인 관리 가능 ✓ 숙제에 대한 의무감 발생
단점	✓ 정확한 완성도 체크 어려움 ✓ 꾸준한 학습 유지 어려움 ✓ 강제적 환경 또는 의무감 부족	✓ 지속적인 비용 발생 / 비용 대비 아웃풋 느림 ✓ 자유롭게 진도 변경이 어려움 ✓ 지역 선생님 고정으로 변경이 어려움 ✓ 부족한 부분을 시간이 지난 후에 알게 됨

●● 문제집과 학습지의 장단점

이 쉽지 않거나, 연산 학습을 하다가 아이의 오답 여부에 따라 감정을 드러내는 경우에는 학습지를 진행하는 것이 낫다. 반면 아이가 단순 반복을 너무 싫어하는 학습 성향을 보인다면 연산 문제집을 선택해서 진행하는 것이 낫다.

학습지를 선택했다면 연산 학습지로는 '구몬'과 '눈높이'를 비교해보는 것이 좋다. 학습지는 어느 교재가 좋으냐보다는 학습지 선생님과 아이가 얼마나 잘 맞느냐가 훨씬 더 중요한 판단 기준이다. 따라서 우리 집에 방문하게 될 선생님과 직접 상담해보고 결정하는 것이 좋다. 연산 문제집을 선택했다면 연산 문제집 중에서 단순 패턴 문제집인《기탄수학》,《기적의 유아 수학》등을 선택하는 것보다 사고력 연산 문제집을 선택하는 것을 추천한다. 사고력 연산 문제집으로는《원리셈》,《소마셈》,《이젠연산왕》,《사고셈》,《상위권 연산 960》등이 있다. 첫 교재는《원리셈》,《소마셈》,《이젠연산왕》등의 교재 중에서 선택하는 것이 좋다. 복습 교재를 선택할 때는 첫 교재에서 진행이 수월하지 않았던 부분이 있었다면《원리셈》,《소마셈》,《이젠연산왕》중에서 첫 교재를 제외한 다른 교재를 골라 진행하는 것이 좋다. 수를 천천히 이해하고 터득하는 친구들이 이 경우에 해당한다.

반면 수와 연산 감각을 빠르게 터득하고 적용하는 친구들은《사고셈》,《상위권 연산 960》중에서 선택하면 된다. 이 교재들은 난이도가 있는 연산 문제로 많이 구성되어 있다. 연산이 자유롭지 않은

데 문제만 어려운 것을 푸는 것은 효과도 없을뿐더러 아이들의 입장에서 고통스럽다. 하지만 사고력을 발휘해야 하는 연산 문제를 경험하는 것이 쉬운 연산만 연습하는 것보다는 훨씬 좋기 때문에 복습 교재를 어렵게 선택할 때 사용해보는 것이 좋다.

4-5세 연산 로드맵 목표와 점검 방법

4세	5세
수량일치	수 세기
수 개념화	가르기와 모으기
숫자 인지 및 숫자 쓰기	10의 보수

4-5세 시기에는 연산을 잘 할 수 있는 개념을 익히고 다지는 것에 초점을 두는 것이 적절하다. 종종 수가 빠른 아이들 중에 4-5세 시기에 연산 학습을 시작해 진도가 빠른 듯 보이다가, 결국 덧셈과 뺄셈 학습의 종지부를 못 찍고 여러 번 반복하면서 정체하는 경우가 의외로 많다. 이 시기에는 아이 주변 친구들의 연산 진도와 비교하지 말고, 아이의 수 개념과 연산의 기초 실력을 확실하게 다져주는 게 중요하다. 그러면 이후 복습이 확연하게 줄고, 순조롭게 연산 학습을 진행할 수 있다는 것을 꼭 명심하자.

4-5세 연산 로드맵 목표는 수학을 잘 하는 아이, 즉 최상위권을 생각해서 설정한 목표이다. 4세 때는 수량일치, 수 개념화, 숫자 인지 및 숫자 쓰기가 가능해야 한다. 수량일치는 개수를 정확하게 파악하고 나타내는 것을 의미한다. 세다가 하나를 빠뜨리거나 세었던 것을 다시 세는 등의 모습을 보인다면 수량일치가 아직 안된 것이다. 6-7세 아이들도 문제집을 풀다가 개수를 실수하는 모습을 많이 보이는데, 그런 문제를 틀리면 보통은 아이가 알고 있는데 실수했다고 생각한다. 하지만 연산을 잘 하는 아이들은 개수 세기에서 실수가 거의 없거나 아주 적다. 즉, 개수 세기는 실수로 틀리는 경우가 거의 없다는 것이다. 그러니 정확하게 말하자면, 연습이 충분하지 않아서 쉬운데도 실수가 자꾸 나오는 것이다. 그러므로 수량일치가 잘 되는지 꼼꼼하게 체크하는 것이 좋다. 수 개념화는 앞서 설명한 부분을 참고하자.

　숫자 인지와 숫자 쓰기 단계에서 아이가 숫자를 쓸 때 순서를 지키지 않고 그림을 그리듯이 쓰거나 대칭으로 뒤집어진 형태로 쓰는 경우가 많다. 숫자를 대칭으로 쓰는 것을 강압적으로 고쳐 줄 필요는 없다. 자연스럽게 주변 친구들이 쓰는 모습을 보면서 고칠 수 있는 부분이다. 하지만 그림을 그리듯이 숫자를 쓰는 경우라면 연습을 하는 것이 좋다. 수를 쓰는 습관이 잘못 들면 풀이 과정에서 자기가 쓴 숫자를 자신이 못 알아보는 상황으로 연결될 수 있다. 숫자를 쓰는 순서도 정확하게 알려주는 것이 좋다.

5세 때는 수 세기, 가르기와 모으기, 10의 보수 개념을 정확하게 이해하는 것에 목표를 둔다. 수 세기는 양의 개수를 세는 것이 아니라 1부터 100까지 수 세기를 말한다. 물론 100까지 수 세기가 잘 이뤄지면 100 이상의 수 범위까지 확장해가는 것을 추천한다. 수 세기 방법은 크게 3가지가 있다. '순창', '역창', '분산창'이다. '순창'은 수를 순서대로 세는 것을 말한다. 41부터 60까지 수를 세어보자고 할 때 아이 혼자서 먼저 세어본 뒤, 엄마랑 번갈아가면서 수를 세어본다. 이때 엄마가 홀수로 먼저 시작하면서 49 다음 수를 아이가 말할 수 있도록 순서를 정하는 것이 좋다. 아이가 혼자서 수를 세면 기계적으로 세는 경우가 있다. 수의 체계를 이해하려면 일의 자리 9에서 다음 수로 넘어갈 때 수를 어떻게 나타내는지를 이해해야 한다. 십진법은 아이들에게는 어려운 개념이다. 이것은 설명해서 이해시킬 수 있는 부분이 아니기 때문에 수 세기를 통해 규칙성을 알 수 있도록 한다. '역창'은 거꾸로 수 세기를 말한다. 순창을 연습했던 부분으로 역창도 연습하기는 어렵다. 순창과 역창은 수 범위에 차이를 두고 진행해야 한다. 즉, 순창을 41부터 60까지 연습했다면 역창은 20부터 거꾸로 세어보는 것이 효과적이다. '분산창'은 45라고 말했을 때 앞의 수와 뒤의 수를 답하는 것을 의미한다. 분산창은 가장 마지막 단계에 확인해야 하고, 순창과 역창이 잘 되는 수의 범위에서 연습하도록 한다.

가르기와 모으기는 2부터 9까지의 가르기와 모으기가 수월해야 한다. 아이에게 8이 될 수 있는 두 수를 모두 말해보라고 하자. 이때 아이가 순서대로 1과 7, 2와 6, 3과 5, 4와 4, 5와 3, 6과 2, 7과 1, 8과 0 이렇게 나타낼 수 있다면 가르기와 모으기가 잘 된다고 판단할 수 있다. 보통은 그냥 생각나는 대로 말하는 경우가 많은데, 이때는 좀 더 연습을 하도록 한다. 10의 보수도 직관적으로 답이 나올 수 있도록 연습한다. 3이라고 말하고, 그 후 생각하는 몇 초가 발생한다면 아직 10의 보수는 연습이 필요하다고 판단할 수 있다. 가르기와 모으기, 10의 보수가 빠르고 정확하다면 덧셈구구와 뺄셈구구를 정말 빠르게 끝내고 다음 연산 과정을 진행할 수 있다. 하지만 연습이 충분하지 않으면 덧셈구구와 뺄셈구구에 오랫동안 머물거나 두 자리 덧셈에 들어가서 다시 복습을 해야하는 경우가 생긴다. 조급하게 생각하지 말고 완벽하게 마스터하고 넘어간다 생각하자.

기계적인 연산 학습 금지!

연산 로드맵에서 가장 중요한 6-7세

6-7세는 연산 학습의 전 과정에서 가장 중요한 시기이면서 중요한 내용을 익혀야 하는 때이다. 고학년 때 연산에 계속 발목을 잡히는 가장 큰 이유는 6-7세 시기에 신경 써야 하는 부분을 간과하거나, 속도가 느리거나 실수하는 부분을 가볍게 넘겼기 때문이다. 그동안 연산을 안 시켰거나 수학 학습을 이제 막 시작해서 무엇을 가장 중점적으로 챙겨야 하는지 고민하는 6-7세 시기라면 연산 학습에 몰입하는 것이 좋다.

하지만 조심해야 하는 부분이 있다. 무작정 연산 문제집만 잔뜩 풀게 하면 안 된다. 아이들을 연산 문제를 푸는 기계로 만들면 당장은 바짝 눈에 띄게 실력이 늘었다고 착각할 수 있지만, 이는 오래가지 않는다. 머리가 좋은 아이들은 몇 번 반복해 연산 문제를 풀면 식과 답을 외워 기억하는 경우가 있다. 연산 학습의 반복은 연산을 숙련되게 처리하는 실력을 쌓기 위해서 하는 것이지, 똑같은 문제와 답을 외우려고 하는 것이 아니다. 지능이 좋고 연산을 잘 하는 것처럼 보였던 친구들이 수 감각을 발휘해서 해결해야 할 문제도 기계적으로 풀거나 원리를 묻는 문제는 어김없이 틀린다면, 이미 난감한 상황이라는 뜻이다. 그러니 철저하게 연산 원리를 기반으로 연산 학습을 할 수 있도록 살펴보자.

덧셈구구와 뺄셈구구는 연산 학습의 핵심 Key!

초등 고학년이나 중, 고등 수학 학습에서 연산 실수가 일어난다면 사칙연산 중 어디서 가장 많이 틀릴까? 바로 덧셈과 뺄셈이다. 곱셈과 나눗셈을 틀리는 것도 결국은 덧셈과 뺄셈 때문이다. 곱셈구구는 대체적으로 잘 외운다. 그러므로 곱셈구구가 곱셈이나 나눗셈 몫을 틀리는 결정적인 이유는 아니다. 사칙 연산 중에서 가장 많은 비중을 차지하고 제일 먼저 배우면서 마지막까지 잘 써먹으려면 덧셈구구와 뺄셈구구 학습이 완벽해야 한다.

덧셈구구와 뺄셈구구는 9까지의 수를 이용해서 덧셈과 뺄셈을 하는 것을 의미한다. 두 자릿수나 세 자릿수 덧셈과 뺄셈도 결국은 각 자리끼리 더하는 것이기 때문에 덧셈구구와 뺄셈구구를 잘하면 이후 사칙연산 과정이 순조롭게 진행된다. 잘한다는 것은 빠르고 정확한 것을 말한다. 빠르지만 1, 2문제씩 실수해서도 안 되고, 다 맞았지만 느려도 안 된다. 반드시 완벽한 속도와 정확성을 갖추는 것이 중요하다.

4-5세 시기에 배우는 가르기와 모으기 학습이 부족하면 덧셈구구와 뺄셈구구의 속도가 빨라지지 않는다. 그럴 때는 가르기와 모으기 학습을 병행해 연습하는 것이 좋다. 3+4는 빨리 구할 수 있지만 7+6을 구할 때 7을 3+4로 가르기 해서 6과 4를 먼저 더하고 3을 나중에 더하는 방법이 빠르게 생각나야 한다. 연산은 한 번의 연산 처리 속도만 보고 판단할 수가 없고 2, 3번의 연산을 거듭해야 할 때 얼마나 빨리 답을 구하는지가 중요하다. 수학 문제를 풀 때, 한 번의 연산 처리만 묻는 문제는 굉장히 쉬운 기초 문제에 속한다. 그 정도의 실력으로는 학년이 올라가면 안정적인 실력을 유지하기 어렵다. 나중을 위해서 타이트한 기준으로 연습하기를 바란다.

수 체계를 잡아야 연산 실력이 오른다! 수 100판 교구 활용 Tip

연산을 잘하려면 수 체계를 잘 잡아야 한다. 수 체계를 잘 잡는다는 것이 어떤 뜻인지 어렵게 느끼는 경우가 많다. 쉽게 생각해보자.

어른들은 돈 계산을 잘 하지 않는가? 만 원짜리를 천 원짜리로 바꾸고 싶을 때 몇 장으로 바꿔야 하는지 계산하지 않아도 아는 것처럼, 아이도 이런 수 처리가 자유롭게 가능할 정도로 수를 이해해야 한다. 수 체계가 잘 잡혔다는 건 아이가 각 자리마다 부르는 이름이 있고 각 자리마다 같은 숫자여도 나타내는 값이 다르다는 것, 각 자리의 숫자를 바꾸고 싶을 때 어떻게 바꾸는지를 이해한다는 뜻이다. 하지만 처음부터 수의 범위를 넓혀서 한 번에 이해할 수 없기 때문에 100까지의 수를 먼저 정확하게 이해하는 것을 목표로 둔다. 보통 100까지의 수 체계를 잘 이해하면 세 자릿수, 네 자릿수, 더 큰 수로 확장했을 때 각 자릿값의 의미와 이름만 알면 쉽게 원리를 적용할 수 있다.

100까지의 수를 배울 때 함께 활용하면 좋은 교구가 〈수 100판 교구〉이다. 꼭 〈수 100판 교구〉를 사지 않아도 된다. 수카드를 100까지 만들어서 사용할 수도 있고, 10칸 공책을 준비해서 활용할 수도 있다. 또는 아래와 같이 만들어서 출력해서 사용할 수도 있다. 〈수 100판 교구〉가 없다고 불편하다고 생각하지 말고, 아이와 같이 교구를 만들거나 구성하는 과정에서 수 100판을 꼼꼼하게 살펴보는 경험이 학습에 도움이 된다는 것을 잊지 말자.

수 100판을 활용하는 Tip 3가지를 소개한다. 이 3가지는 가장 대표적인 방법이니 이 외에 다른 활동이 궁금하다면 QR코드의 영상을 참고해보자.

● 수 100판

Tip 1. 수 칩을 자리에 빨리 넣는 활동이다. 아이가 수 칩을 1부터 순서대로 찾아야 맞는 자리에 넣을 수 있다고 생각한다면, 이는 아직 수 100판을 완벽하게 익히지 못했다는 뜻이다. 수 100판을 잘 이해하면 어떤 수 칩을 고르든 자리에 알맞게 놓을 수 있다. 아이가 아무거나 자유롭게 놓을 수 있기 전까지는 수 칩을 순서대로 찾아서 놓는 연습을 충분히 해야 한다. 그리고 자리에 놓는 시간이 얼마나 줄어드는지도 살펴본다. 자유롭게 수 칩을 골라서 자리에 놓을 수 있다면 다음 스텝의 활동으로 넘어갈 수 있다.

1	2	3	4	5	6	7	8	9	10
11	12	13	14	15	16	17	18	19	20
21	22	23	24	25	26	27	28	29	30
31	32	33	34	35	36	37	38	39	40
41	42	43	44	45	46	47	48	49	50
51	52	53	54	55	56	57	58	59	60
61	62	63	64	65	66	67	68	69	70
71	72	73	74	75	76	77	78	79	80
81	82	83	84	85	86	87	88	89	90
91	92	93	94	95	96	97	98	99	100

Tip 2. 십이면체 주사위를 준비해서 수의 위치를 찾는 활동이다. 먼저 십이면체 전개도 4개를 준비한다. 한글로 일부터 구까지, 하나부터 아홉까지, 십부터 구십까지, 열부터 아흔까지를 써넣는다. 면이 12개니 남는 면이 생기는데 '꽝', '마음대로 하기' 등 게임적인 요소를 넣어주면 된다. 이후 4개의 주사위를 동시에 던져서 나온 면의 수 읽기 방법을 알맞게 매칭시켜 두 자릿수의 위치를 찾아서 수 칩을 놓으면 된다. 게임으로 룰을 추가한다면 정확하게 놓은 사람이 이기거나 많은 자리를 채운 사람이 이기는 것 등의 내용을 넣을 수 있다.

주사위를 던져서 오, 마흔, 넷, 구십이 나왔다고 할 때 아이들이 잘못 매칭하는 경우가 꽤 있다. '마흔 넷'이 알맞은 표현인데 '마흔 오'라고 하거나 '구십 다섯'을 매칭해보려는 시도를 한다면 수 읽기 연습이 필요하다고 판단할 수 있다.

매칭한 두 자릿수의 위치를 어떻게 찾아서 칩을 넣는지를 보면 아이가 수 100판의 수 배열을 이해했는지 아닌지 알 수 있다. 이때 자리 찾기를 너무 어려워하면 우선 수가 다 쓰여 있거나, 수 칩이 제자리에 들어있는 상태로 진행한다. 이 활동에 익숙해지면 아무것도 없는 빈 판을 두고 활동을 진행한다. 수 위치를 빠르게 찾는다면, 수 100판을 잘 이해했다는 뜻이다.

Tip 3. 화살표 방향으로 이동하기 활동이다. 45의 위, 아래, 오른쪽 옆, 왼쪽 옆의 수가 어떤 규칙으로 놓여 있는지 연산으로 이해하고 표현할 수 있어야 한다. 두 번째 활동까지 잘 했다면 "34에서 위로 2칸, 왼쪽으로 2칸 이동하면 어떤 숫자야?"라는 식으로 묻는다. 머릿속으로 생각해서 답을 하기 어려워하면 앞의 첫 번째, 두 번째 활동을 추가로 함께 해주면서 좀 더 연습을 한다. 화살표 방향으로 이동하는 연습은 연산의 원리를 이해하는 데에 도움이 된다. 예를 들어 34-22는 앞서 물었던 이동 방법을 따르면 답을 구할 수 있다. 덧셈이나 뺄셈을 설명할 때 "각 자릿값끼리 뺀다"는 기계적인 계산 방식 대신 수 100판을 이용하면 수의 위치 변화로 연산을 이해할 수 있다. 수 100판에서 34+19를 하려면, 34에서 아래로 2칸 내려가고 왼쪽으로 1칸을 이동하면 된다. 즉 34+19를 34+20-1로 바꿔 계산하는 방식을 익힐 수 있는 것이다. 두 자리 연산을 연습하지 않아도 수 100판 활동을 통해 수의 체계를 잡으면서 덧셈 영역을 자연스럽게 확장할 수 있는 효과까지 얻을 수 있을 것이다.

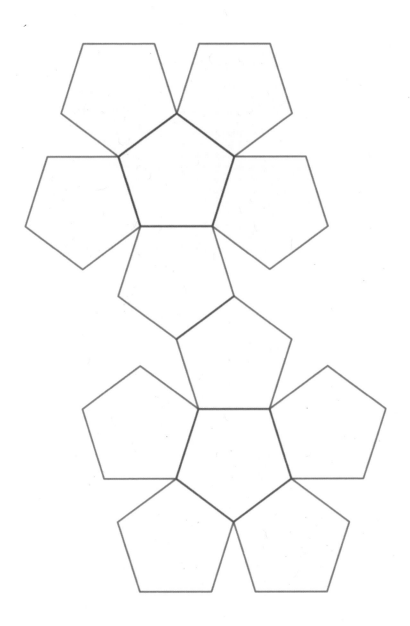

덧셈과 뺄셈 학습에 도움이 되는 보드게임 & 수학 동화

ⓒ행복한바오밥

ⓒ코리아보드게임스

●● 덧셈과 뺄셈 학습에 도움이 되는 보드게임.

덧셈과 뺄셈은 연산 문제집으로 익히려면 지겨울 수 있다. 그리고 문제집으로만 연산 실력을 기를 수 있는 것은 아니기 때문에 보드게임 활용을 적극 추천한다. 특히 남자 아이들은 반복적인 것을 싫어하고 승부욕을 자극하면 엄청난 집중력을 발휘하기 때문에 효과가 좋다. 위의 보드게임은 덧셈과 뺄셈 연습을 많이 할 수 있으면서 아이들도 상당히 재미있어 하는 것들이다. 〈셈셈피자가게〉는 난이도를 조절할 수 있다. 게임판 양면으로 처리해야 하는 연산의 범위가 다르게 구성되어 있다. 덕분에 연산을 20 범위에서만 할 수 있는 친구들도 미리 게임을 진행해볼 수 있다. 연산 카드로 두 자릿수 덧셈과 뺄셈까지 연습할 수 있는데, 100 범위에서 게임을 진행하려면 그 전에 두 자리 연산 연습을 해 놓아야 진행이 수월할 것이다.

〈로보77〉은 목표수를 달성하면 지는 게임이다. 이런 보드게임을 진행하는 가장 큰 목적은 연산 연습을 하거나 연산 학습을 한 것이 얼마나 발휘되는지 알아보는 것이다. 그렇기 때문에 보드게임 룰을 처음부터 다 적용해서 진행하는 것보다는 일단 빼도 되는 룰은 빼고 기본적인 룰만 익혀서 진행하는 것이 좋다. 룰이 복잡하고 미션 카드의 의미가 복잡하면 제대로 연산 연습을 하기가 어렵다. 이 부분에 주의해서 진행하는 것을 추천한다. 연산 문제집을 아예 풀지 않고 보드게임을 진행하는 것은 바람직하지 않다. 아이들이 연산 문제집을 풀기 싫어해도 하기 싫은 부분 중 꼭 해야 하는 학습량을 정하고, 그 부분을 끝내거나 적어도 집중하는 모습을 보여야 보드게임을 진행할 수 있다는 인식을 심어주는 것이 좋다. 보드게임을 많이 한다고 해서 연산 실력이 느는 것은 아니다. 보드게임은 연산 학습을 어느 정도 하고, 학습량만 더 늘리는 대신, 아이가 재미있게 진행하고, 엄마는 아이가 연산을 어떻게 처리하는지 확인하는 정도로 활용해야 한다.

연산 원리의 이해를 돕는 수학 동화책

《양치기 소년은 연산을 못한대》박영란 글/허구 그림/수학놀이 한지연, 뭉치
《동전이 열리는 나무》낸시 켈리 알렌 글/아담 도일 그림, 주니어김영사
《신통방통 받아올림》서지원 글/이동희 그림, 좋은책어린이

연산 문제집을 풀다 보면 정말 중요한 연산의 원리는 놓치는 경우가 많다. 원리를 놓치지 않으려면 자연스럽게 수학 동화를 자주 읽어보는 것이 좋다. 수학 동화는 한 번만 읽어서는 효과가 없다. 여러 번 읽고, 개념을 배우기 전과 개념을 배우는 동안, 그리고 개념을 배우고 난 후에 정리하듯이 읽어보면 좋다. 스토리만 기억하고 수학 동화에서 언급하는 수학 개념은 전혀 기억하지 못하는 경우도 많기 때문에 읽고 나서 아이와 이야기를 나눠보는 것이 좋다. 수와북 사이트(thestoryofmath.co.kr)에서 워크북을 판매하고 있으니 수학 동화를 고를 때 참고해보기를 바란다.

연산 문제집 진도와 복습하는 방법

덧셈구구와 뺄셈구구는 보통 연산 문제집에서 6-7세 / 초등1학년 단계에 걸쳐 구성되어 있다. 문제집별로 비슷한 단계를 비교하면 아래와 같다.

원리셈	소마셈	이젠연산왕
6-7세 단계	P단계	P3 단계
초등 1학년 단계	A단계	초등1학년 단계
초등 2학년 단계	B단계	초등2학년 단계

아직 초등 1학년 단계용 문제집을 진행하기 전이라면 앞 부분을 확실하게 다져서 초등 1학년 단계를 한 번에 끝내고 나갈 수 있도록 준비하는 것이 좋다. 즉 6-7세 단계를 하는 시점에 덧셈구구나 뺄셈구구의 시간과 정확성을 체크했을 때 20문제 기준, 시간은 2분 이내, 정확도 100%가 나온다면 초등 1학년 단계 진행이 어렵지 않을 거라 예상할 수 있다. 하지만 그렇다고 기준에 도달하지 않으면 계속 복습을 하면서 진도를 진행하지 않는 것은 아니다. 비슷한 단계 2, 3가지 종류의 문제집을 푸는 데도 시간이 빨라지지 않으면 초등 1학년 단계를 나가고 동시 진행을 할 수도 있다. 이 정도로 많은 학습량을 소화했는데 속도가 빨라지지 않는 것은 수 체계가 안 잡혔기 때문인 경우가 많다. 수의 이해는 시간이 걸리는 부분이기 때문에 진도를 진행하지 않고 무작정 복습하는 것보다는 수의 체계를 잡아줄 활동과 문제집을 병행하면서 연산을 진행하는 것이 좋다.

수의 체계를 잡아주는 데에 도움이 되는 문제집

《사고셈》6세 1호, NE능률수학교육연구소, NE능률
《사고셈》7세 3호, NE능률수학교육연구소, NE능률
《사고셈》1학년 3호, NE능률수학교육연구소, NE능률

앞서 제시한 수 체계를 잡아주는 활동과 함께 위의 추천 연산 문제집을 활용해보면 도움이 될 것이다.

초등 1학년 단계에서 덧셈구구나 뺄셈구구의 속도와 정확성은 좋은데, 두 자릿수 더하기 한 자릿수, 혹은 두 자릿수 빼기 한 자릿수 연산에서 속도가 느려지는 경우가 있다. 이런 경우 초등 2학년 단계로 바로 넘어갈 수 없기 때문에 복습이 필요할 수 있다. 이때 함께 병행하기 좋은 문제집은 '드릴 연산 문제집'이라고 부르는, 단순 패턴 연산 문제로 구성되어 있는 문제집이다. 드릴 연산 문제집으로 추천하는 교재는《기적의 계산법》,《최상위 연산》,《빨강 연산》이 있다.

드릴 연산 문제집을 진행할 때 한 번에 많이 풀거나 드릴 연산 문제집만 반복해서 진행하는 것은 효과적이지 않다. 예를 들어 초등 1학년 단계 복습을 위해 드릴 연산 문제집을 풀 때 학기별로 2권 정도면 상당히 많은 학습량이다. 그러니 이보다 더 많은 양을 진행하면 기계적인 연산 습관을 유발할 수도 있다. 드릴 연산 문제집을 풀 때는 일주일에 한 번씩 한 페이지 푸는데 걸리는 시간을 측정해보는 것이 좋다. 시간대에 큰 오차를 보이지 않고, 정확도가 높다면 속도가 아주 만족스럽지 않아도 다음 단계 진행이 어렵지 않다.

6세	7세
덧셈 & 뺄셈의 원리	수의 체계 (세 자릿수)
덧셈구구 & 뺄셈구구 완성	두 자릿수 덧셈

6세 단계에서는 덧셈과 뺄셈의 원리와 덧셈구구의 완성을 목표로 두고 진행한다. 연산 학습을 늦게 시작해서 덧셈구구 완성이 어려울 경우, 7세 여름까지는 완성한다고 생각하는 것이 좋다. 학교 교과 진도 등을 고려했을 때, 수학에서 꾸준한 자신감을 가지려면 이 정도 학습 목표는 이루는 것이 좋다. 덧셈과 뺄셈의 원리를 안 다는 것은 다음과 같은 문제를 이해한다는 뜻이다.

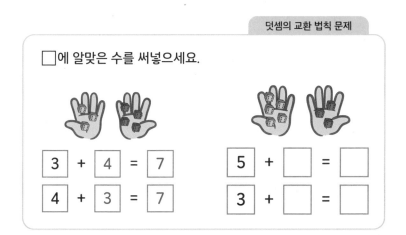

첫째는 덧셈의 교환 법칙이다. 2+3과 3+2가 같은 값을 뜻한다는 것을 이해해야 한다.

둘째는 덧셈과 뺄셈의 '어떤 수 구하기' 원리를 이해하는 것이다

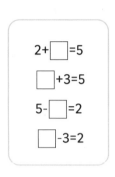

4가지의 어떤 수를 구하는 식에서 어떤 수를 구하는 '방법'을 정확하게 이해하고 있어야 한다. 보통 한 자릿수 연산 연습은 많이 해봤으니 2+3=5은 정확하게 알고 있어서, 위와 같은 문제의 어떤 수를 구하는 문제는 틀리지 않는다. 하지만 문제를 조금 바꾸어서 ( )+18=25를 물으면, 종종 어떤 수에 18을 더해야 25인지 바로 떠오르지 않아 어렵게 생각하고 시간이 걸려 답을 구하는 모습을 보인다. 어떤 수를 구하는 방법에서 이런 모습을 보인다면 아이가 덧셈과 뺄셈 연산의 원리를 충분하게 이해하지 못한 것으로 판단할 수 있다.

덧셈은 어떤 수 구하기 문제에서 구하는 수가 어느 위치에 있든

방법이 같다. 하지만 뺄셈은 '어떤 수'의 위치에 따라 구하는 방법이 달라진다. 여기서 아이들이 많이 하는 실수 패턴은 ( )−3=2에서 답을 1이라고 쓰는 식이다. 빼기 부호가 보이니까 문제에 있는 숫자끼리 빼는 것이다. 뺄셈식은 전체에서 부분을 빼는 것이기 때문에 ( )−3=2에서 ( ) 자리에는 전체값을 의미하는 3+2의 값이 와야 한다는 사실을 충분히 생각하지 못하는 것이다. '어떤 수 구하기'는 중요한 문제 유형이다. 초등 과정뿐만 아니라 중등 과정의 방정식까지 연결되는 연산 원리이기 때문에 반드시 잘 알고 넘어가야 한다.

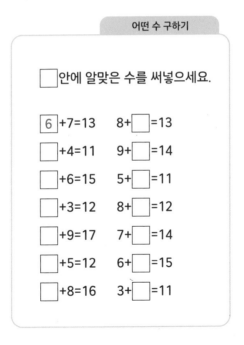

셋째는 덧셈과 뺄셈을 할 때 10을 기준으로 식을 바꾸는 원리를 이해하는 것이다. 한 자릿수 덧셈 또는 뺄셈 문제에서 원리를 잘 이해하면 두 자릿수나 세 자릿수에도 동일하게 적용해서 답을 구할 수 있다. 한 자릿수 덧셈 문제를 풀 때 두 자릿수 문제도 만들어서 옆에 적어보고 똑같은 방법을 적용하게 연습하면 다음 단계 과정을 진행할 때 복습을 최소화할 수 있다.

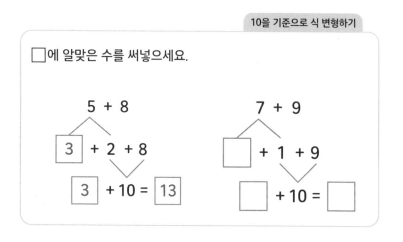

6-7세 연산은 수 체계 이해와 능숙한 두 자릿수 덧셈을 목표로 둔다. 두 자릿수 덧셈이 잘 되면 7세 겨울 방학에는 곱셈 개념까지 노출할 수도 있다. 수의 체계에서는 교과 문제 중 아래와 같은 문제를 통해 확인할 수 있다. 10이 8개인 수는 어렵지 않게 구할 수 있다. 하지만 10이 18개인 수는 10씩 10개는 100으로 만들고 10씩

8개는 80으로 만들어서 합해야 하기 때문에 묶음이 모여서 얼마가 되는지 이해해야 한다. 또한 수를 표현하는 문장들을 많이 경험해 봐야 한다. 십의 자리나 일의 자리는 문장에서 쉽게 이해하는 데 10 묶음의 수, 낱개의 수도 각각 십의 자리, 일의 자리를 뜻한다는 것을 동일하게 생각할 줄 알아야 한다. 수를 표현하는 문장들은 교과 기본 문제집이나 연산 문제집만으로는 충분히 학습하기 어려우므로 교과 심화 문제 중 수 단원을 반드시 학습해보는 것을 추천한다. 그래야 이후 2학년, 4학년 과정에서 나오는 세 자릿수, 네 자릿수, 큰 수까지 자연수 체계를 다루는 단원을 수월하게 학습하고 지나갈 수 있다.

(1) 다음에서 설명하는 수를 모두 쓰세요.

20과 50 사이에 있는 수입니다.
10개씩 묶음의 수와 낱개의 수가 같습니다.

정답: 33, 44

(2) 다음에서 설명하는 수는 모두 몇 개일까요?

26보다 크고 33보다 작은 수입니다.
10개씩 묶음의 수가 낱개의 수보다 작습니다.

정답: 3개(27, 28, 29)

(3) 다음에서 설명하는 수 중 가장 작은 수와 큰 수를 순서대로 쓰세요.

30과 42 사이에 있는 수입니다.
10개씩 묶음의 수가 낱개의 수보다 큽니다.

정답: 31/41

(1) 다음 수보다 1 큰 수를 구하세요.

10개씩 묶음 3개와 낱개 16개인 수

정답: 47

(2) 다음 수보다 1 작은 수를 구하세요.

10개씩 묶음 3개와 낱개 20개인 수

정답: 49

(3) 다음 수보다 1 작은 수와 1 큰 수를 순서대로 쓰세요.

10개씩 묶음 2개와 낱개 18개인 수

정답: 37, 39

원리를 놓치지 말자!
아직 늦지 않은 8-9세

　8-9세는 이전의 연산 학습을 어떻게 진행했느냐에 따라 수월하게 연산 진도가 착착 나가는 경우가 있고, 복습이 필요한 부분이 있어 반드시 다시 챙기면서 해야 하는 경우가 있다. 하지만 아직 늦은 것은 아니기 때문에 원리를 정확하게 익히는 학습으로 부족한 부분을 복습하고 보충하는 것을 잊지 말아야 한다. 많은 아이들이 연산 정답을 구하는 방법을 익히면, 학년이 올라갈수록 방법만 기억하고 원리는 잊어버린다. 초등 3학년 때까지 원리를 중요하게 여기는 학습 습관을 잘 길러 두면 이후 학년에서는 스스로 이 부분을 집중해서 듣고 기억하게 된다.

　초등 2-3학년 과정에 배우는 곱셈과 나눗셈, 그리고 분수는 원리를 정확하게 이해했는지 판단하기 쉽지 않은 것 중에 하나이다. 그래서 원리를 제대로 이해하지 못했다는 것을 5-6학년 과정에 가서야 발견하는 경우도 심심치 않게 있다. 5-6학년 과정에서 곱셈, 나눗셈, 분수 원리가 제대로 안 되어 있으면 다시 보충하는 데에 걸리는 시간이 새로 배워서 익히는 시간보다 더 많이 드는 경우도 많다. 이미 몸에 배고 익숙해진 오류를 다 찾아내 고치는 것은 그만큼 어려운 일이다. 그러니 아이가 정답을 잘 맞힌다고 기뻐하지 말고, 원리를 얼마나 정확하게 설명할 줄 아는지 확인해보자.

덧셈과 뺄셈의 여러 가지 방법 익히기

덧셈과 뺄셈을 세로셈으로만 할 줄 알고 문제가 가로셈으로 나와 있으면 세로셈으로 바꿔 써야만 답을 구할 수 있거나, 덧셈을 여러 가지 방법으로 푸는 문제를 해결하지 못하는 아이도 상당히 많다. 학부모님들은 아이의 이런 모습을 봐도 큰 문제가 아니라고 생각하고, 걱정하지 않는 경우가 많다. 덧셈과 뺄셈의 정답을 구할 수 있으면 되지, 다양한 연산 방법을 왜 익혀야 하는지 잘 모르겠다고 생각할 수도 있다.

일단 덧셈과 뺄셈을 세로셈으로 써야만 답을 구할 수 있거나 받아올림이나 내림 표시하는 습관을 고쳐야 한다. 중, 고등 과정에서 수학을 잘 하는 아이들은 기본적으로 덧셈과 뺄셈의 암산이 잘 된다. 문제를 세로셈으로 바꿔 쓴다는 것은 가로셈으로 답을 구하지 못하고, 암산이 안 된다는 뜻이다. 받아올림이나 내림을 표시하는 건 일의 자릿값부터 구한다는 뜻이라, 이 또한 암산이 안 된다는 의미이다. 이 정도의 연산력이라면 초등 과정은 문제가 아니라도 중, 고등 과정은 수월하게 소화하기 어려운 상황이다. 당장은 괜찮더라도 나중에 겪을 불편함을 막기 위한 학습 목표를 세우는 것이 좋다.

'여러 가지 방법으로 덧셈, 뺄셈하기'는 평소 사용하거나 따로 연습할 필요는 없다. 물론 평소에도 사용할 줄 알면 덧셈식이나 뺄셈 시에 구성된 수에 따라 더 빠르게 계산할 수 있는 선택지가 늘어나는 셈이라 정답을 구하는 속도가 빨라지는 것은 맞다. 하지만 여러 가지 방법을 이해하고 기억하기 어려워한다면 최소한 식이 전개되는 과정을 이해하고 빈 칸에 들어가는 수를 정확히 맞힐 수는 있어야 한다. 수식을 읽고 수식의 흐름을 논리적으로 따라가는 것은 중, 고등 과정을 잘 따라가기 위해서 반드시 필요한 부분이므로 빈 칸 채우기를 못한다면 극복할 수 있을 정도로 연습하기 바란다.

덧셈에서 자주 나오는 여러 가지 방법 중 첫 번째는 '일의 자리는 일의 자리끼리, 십의 자리는 십의 자리끼리' 계산해서 구하는 방식이다. 이것은 세로셈을 가로셈 식으로 전개하는 것과 같은 원리이니 쉽게 이해할 수 있을 것이다. 두 번째는 앞수에 뒷수의 십의 자리를 먼저 더하고 일의 자리를 더하는 것이다. 이것도 주어진 수를 가르기 하는 것이라 어려운 방법이 아니다. 세 번째는 앞수나 뒷수 중 하나가 몇 십이 되게 하는 수를 먼저 더하고 나머지 수를 더하는 방법이다. 예를 들어 48+19라면 48+2+17로 48을 먼저 50으로 만들기 위해 19에서 2를 가르기 해서 먼저 더하고 남은 17을 더하는 식이다. 이 방법은 앞서 살펴본 덧셈구구에서 배운 원리를 두 자릿수에 적용한 것이다. 이 3가지 방법들은 아주 어려운 것은 아닌데도 불구하고 아이들에게 아래와 같은 문제를 풀게 하면 많이 틀린다. 이럴 경우 숫자를 바꿔서라도 좀 더 연습해보는 것을 추천한다.

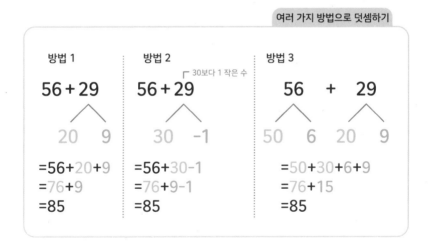

여러 가지 방법으로 덧셈하기

방법 1

56 + 29

20   9

=56+20+9
=76+9
=85

방법 2

30보다 1 작은 수

56 + 29

30   -1

=56+30-1
=76+9-1
=85

방법 3

56   +   29

50   6   20   9

=50+30+6+9
=76+15
=85

'여러 가지 방법으로 뺄셈하기'는 덧셈보다 좀 더 어렵다. 그래서 뺄셈의 여러 가지 방법을 잘 이해할 수 있다면 수를 다양하게 보는 능력과 연산 처리 실력이 길러진다. '여러 가지 방법으로 연산하기'의 핵심은 덧셈과 뺄셈 모두 자릿값이 0이 되게 하는 수로 바꾸는 것이다. 예를 들어 44-18을 하고 싶을 때, 주어진 수를 그대로 빼는 대신 44를 40으로 만들기 위해 4를 먼저 빼고 14를 나중에 빼는 식이다. 40에서 14를 빼면 10에서 4를 빼는 것과 같은 원리로 접근해 쉽게 답을 구할 수 있기 때문에 훨씬 수월하다. 만약 40에서 14를 빼는 과정에서 십의 자리를 실수한다면 수의 체계를 잡는 연습을 좀 더 하는 것이 좋다. 수 100판을 이용해서 100이 되는 수 만들기를 연습해보자. 받아올림과 내림의 원리를 이해하는 데에 도움이 된다.

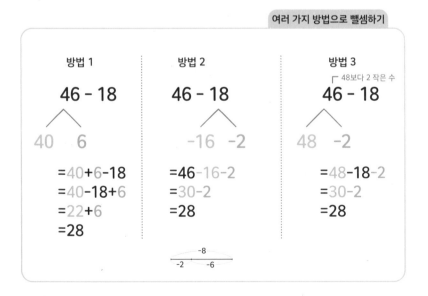

덧셈과 뺄셈 학습에 도움이 되는 3가지 방법

두 자릿수 덧셈과 뺄셈은 이미 덧셈구구와 뺄셈구구에서 활동한 내용을 토대로 학습해 나갈 수 있다. 다만 연산 처리를 기계적으로 하지 않는지, 덧셈과 뺄셈의 수의 조합을 얼마나 잘 쓰는지 알기 위한 활동이 필요하다. 첫 번째로 '분해한 연산식 다시 맞추기 활동'을 추천한다. 앞서 만든 수카드에 덧셈 기호만 추가로 만들어서 준비한다. 엄마가 먼저 두 자릿수 덧셈식을 만들고 식을 구성한 수카드와 연산 기호 카드를 분해해서 섞어버리고 카드들을 아이한테 주면 아이가 원래의 식으로 다시 구성하는 것이다. 이때 구성에 시간이 오래 걸린다면 덧셈의 원리, 덧셈 처리할 때의 수의 조합을 정확하게 모르는 것으로 판단할 수 있다. 제한된 시간을 주고 각자 식을 만들고 분해하고 섞어버린 카드를 서로 바꿔서 식 만들기를 진행하면 게임처럼 활동할 수 있다. 연산을 잘 하는 아이라면 세 자릿수 덧셈식 또는 뺄셈식으로 진행하는 것도 좋은 방법이다.

두 번째는 '목표수 만들기 활동'이다. 간단하게는 20을 만드는 식을 세 개 이상의 수를 사용하거나 자신이 할 수 있는 연산을 모두 활용해서 누가 가장 많은 식을 만드는지 겨뤄볼 수 있다. 덧셈과 뺄셈이 약한 친구들은 이 활동을 좋아하지 않는다. 또 3, 4개의 식만 만들고 더 이상 만들 수 없다고 게임을 쉽게 포기할 수도 있다. 그럴 때는 앞서 제시한 덧셈과 뺄셈 관련 활동이나 보드게임을 진행해보는 것이 좋다. 목표수 만들기를 좋아하고 적극적으로 참여하는 아이라면 포포즈와 같은, 숫자 4를 4개 사용해서 여러 가지 값이 나오게 하는 식을 만들어보는 활동도 굉장히 효과적이다. 활용하기 좋은 보드게임으로 〈타깃 넘버〉가 있다.

　세 번째는 마방진 또는 캔캔 퍼즐 같은, 연산을 활용한 퍼즐을 많이 경험하는 것이다. 두 자릿수나 세 자릿수 덧셈과 뺄셈도 결국은 한 자릿수 덧셈과 뺄셈을 잘 하면 더 빨라지고 정확해진다. 때문에 한 자릿수 덧셈과 뺄셈 연습량을 늘리는 활동을 하는 것이 연산 문제집을 추가로 푸는 것보다 훨씬 효과적이다. 또는 〈헥스하이브〉 같은 혼자 하는 1인 보드게임 중, 연산 영역을 해보는 것도 추천한다.

ⓒ플레이팩토

●● 학습에 도움이 되는 보드게임

곱셈과 나눗셈의 원리를 정확하게 이해하자

곱셈은 같은 수를 여러 번 더하는 방식이라는 건 아이들도 잘 알고 있다. 그럼에도 불구하고 "2×3이 무슨 뜻이야?"라고 물으면 6이라고 대답한다. "2×3은 2를 3번 더했다는 뜻"이라고 이야기할 수 있어야 한다. 곱셈구구를 외워 답을 구할 수 있으면 아이는 뜻을 설명하지 못해도 곱셈구구를 잘 알고 있다고 착각한다. 곱셈의 의미를 정확하게 알고 있다면 23×45를 물었을 때 바로 계산해 답을 구하지는 못해도 "23을 45번 더했다는 의미"라고 동일하게 적용할 수 있어야 한다. 그리고 더 나아가 23을 40번 더한 것과 23을 5번 더한 것을 합친 것이라는 생각이 어렵지 않게 떠올라야 한다. 교과에서도 다음과 같은 문제를 통해 이 원리를 익히도록 돕는다. 이 문제는 4×9를 여러 가지 덧셈 방법으로 구할 수 있는지 묻고 있다. 다음 장에 나와 있는 방법 외에도 다른 방법이 있다. 4를 10번 더하고 1번 뺄 수도 있다. 4의 10배는 계산이 쉽기 때문에 40에서 4를 빼는 것도 쉽게 답을 구할 수 있는 방법이다.

세 사람이 4×9를 서로 다른 방법으로 구했습니다.
세 수 ■, ▲, ●를 각각 구하세요.

철수: 4×8에 ■를 더했습니다.
영희: 4+4+4+4+4+4+4+4에 ▲를 더했습니다.
민수: 4×●를 세 번 더했습니다.

■ :(4)　▲:(4)　●:(3)

이것을 두 자릿수 곱하기 한 자릿수에도 적용할 수 있다. 13×9라고 하면 13의 10배에서 13을 1번 빼는 것과 같다. 이렇게 계산하는 방식을 알면 13×9를 자릿수별로 곱해서 더하는 것보다 훨씬 빠르게 답을 구할 수 있게 된다. 앞서 덧셈과 뺄셈 여러 가지 방법으로 계산하기를 알면 도움이 되는 것처럼, 곱셈과 나눗셈에서도 다양한 방법으로 답을 구할 수 있으면 암산이 가능한 범위가 훨씬 넓어진다. 곱셈에서는 곱셈구구를 외우는 것보다 원리를 아는 것이 제일 중요함을 잊지 말자.

곱셈의 원리를 익히고 곱셈구구를 잘 익혔다면 다음과 같은 문제의 답은 쉽게 구할 수 있어야 한다. 곱셈구구를 다 외웠는데도 나눗셈 단원에서 몫을 구하는데 생각보다 오래 걸린다면, 곱셈구구를 완벽하게 외우지 못했을 확률이 높다. 2단부터 순서대로 말할 수 있다고 다 외웠다고 보기는 어렵다. 곱셈구구에 나오는 수가 어떤 것들이 있는지 감각적으로 알아야 하고, 그 수를 나타내는 곱셈식을 찾을 때 바로바로 생각할 수 있어야 한다. 그렇게 연산 처리가 가능할 때까지 곱셈구구는 꾸준히 외우고 체크하는 것이 좋다.

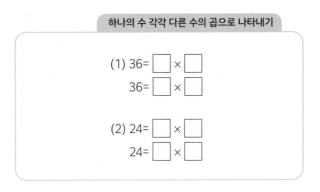

두 자릿수 곱하기 두 자리의 곱셈 원리는 중등 과정에 나오는 곱셈 공식에 그대로 다시 등장한다. 곱셈의 원리를 정확하게 배웠다면 곱셈 공식은 새로운 것이 아니다. 그런데도 초등 과정에서 무작정 답을 구하는 공식 위주로 학습한 아이들은 곱셈 공식을 전혀 새로운 것으로 받아들이는 경우가 많다. 답을 구하는 것보다 연산식의 전개 과정에서 빈 칸을 알맞게 채우는 활동이 중요한 이유이다.

초등 과정 곱셈 원리	중등 과정 곱셈공식

☐안에 알맞은 수를 써넣으세요.

(1) 35×12=35×10+35×☐

　　　　=350+☐

　　　　=☐

(2) 42×23=42×20+42×☐

　　　　=840+☐

　　　　=☐

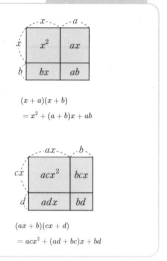

$$(x + a)(x + b)$$
$$= x^2 + (a + b)x + ab$$

$$(ax + b)(cx + d)$$
$$= acx^2 + (ad + bc)x + bd$$

　　나눗셈의 원리는 등분제와 포함제 둘로 나누어 이해할 수 있다. 사실 나눗셈은 곱셈을 뒤집어서 하면 된다고 생각하고 3학년 1학기 나눗셈 단원을 쉽게 넘어가는 아이들이 많은데, 이는 위험하다. '등분제'는 나눗셈하면 우리가 흔히 떠올리는 개념이다. 그래서 등분제를 따로 설명하지 않아도 이 부분은 쉽게 이해한다(다음 그림이 등분제에 대한 설명이다). 문제는 포함제이다. 아래의 상황을 포함제로는 이렇게 적용할 수 있다. "컵 12개를 4개씩 접시에 담는다면 접시는 몇 개가 필요한가?" 즉 12개에서 4개씩 3번을 빼야 0이 되므로 12÷4가 3이라고 나눗셈식으로 나타낼 수 있다.

컵 12개를 그릇 3개에 똑같이 나누어 보시오.

똑같이 나누는 나눗셈식 12÷3=4에서 4가 나타내는 뜻을 알아보시오.

12를 **3**곳으로 똑같게 나누면 한 곳에 **4개씩**이라는 **개수**를 나타냅니다.

    등분제에서는 각각의 묶음에 들어가는 낱개의 개수를 묻고, 포함제에서는 일정 수의 낱개를 포함하는 묶음의 개수를 묻는다. 아래 문제 상황 예시를 살펴보고 아이들과 나눗셈 문제를 만드는 연습을 해보자. 포함제를 잘 이해해야 아래 세 번째 문제 같은, 분수 개념이 적용된 문제도 나눗셈으로 쉽게 접근할 수 있을 것이다.

⏃ 사탕 6개를 아이 2명에게 똑같이 나누어 주려고 한다면, 한 사람이 사탕을 몇 개씩 가져야 할까요?

⏃ 엄마가 사탕 6개를 아이들에게 2개씩 나누어 주었습니다. 아이들은 모두 몇 명일까요?

⏃ 사과 3개를 아이들에게 나눠 주기로 했습니다. 아이 1명당 사과를 ½개씩

나누어 주었다면 아이들은 모두 몇 명일까요?

곱셈과 나눗셈 학습에 도움이 되는 3가지 방법

곱셈의 개념을 정확하게 익히기 위해서는 '묶어 세기 활동'을 해보는 것이 좋다. 곱셈의 뜻을 말로 설명할 수 있더라도 직접 전체의 개수를 묶음으로 묶고, 여러 번 더하기를 함께 해보는 것이 기억하기 쉽다. 첫 번째 활동지를 참고해서 여러 가지 방법으로 묶는 연습을 한 뒤, 두 번째 활동지를 진행해보자. 24는 곱셈식을 다양하게 나타낼 수 있는 수라는 것을 알 수 있고 5학년 과정에서 배우는 '약수의 개수가 많다'는 개념과 연결할 수도 있다. 두 번째 활동지의 64도 약수의 개수가 많은 편이다. 두 자릿수 곱하기 한 자릿수 형태의 식으로도 나타낼 수 있기 때문에 곱셈 개념을 익히면서 두 자릿수로 확장도 수월하게 하는 활동이다. 곱셈식을 여러 가지로 나타낼 수 있는 또 다른 수를 찾아보는 것도 좋다.

다음 활동지를 살펴보고, 문제를 풀어보자.

※ 다음 네모의 칸이 몇 칸인지, 묶어서 세어보세요.

→ 3개씩 묶은 것이 (　　　) 줄 있다.

3 + _____ ➔ (　　　) 개

→ 4개씩 묶은 것이 (　　　) 줄 있다.

4 + _____

➔ (　　　) 개

→ 6개씩 묶은 것이 (　　　) 줄 있다.

6 + _____

➔ (　　　) 개

→ 8개씩 묶은 것이 (　　　) 줄 있다.

8 + _____

➔ (　　　) 개

※ 다음 네모의 칸이 몇 칸인지, 묶어서 세어보세요.

아래의 칸에 작성해보세요 (덧셈식 & 곱셈식 모두 나타내기)

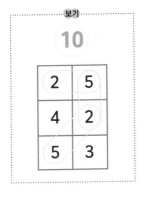

보기 와 같이 곱셈을 이용하여 주어진 값을 만들 수 있는 두 수
를 ⬭, ⎮, ╱, ╲ 와 같이 묶으려고 합니다. 묶을 수 있는 두 수
는 모두 몇 쌍입니까?

보기

10

2	5
4	2
5	3

24

2	4	5	7	6	8
6	8	3	4	5	4
4	3	6	8	3	6
9	4	7	5	7	4

[   ]

위의 문제에서 아이디어를 얻어서 곱셈 퍼즐 문제 만들기 활동을
할 수 있다. 먼저 엄마가 문제를 만들어서 아이가 풀 수 있게 하고, 다
음으로 아이가 문제를 만들게 한다. 문제를 만들 때 어렵다고 생각할
수도 있는데, 자신이 곱으로 나타내고 싶은 수를 정하고 5×5 격자
판에 정답이 되는 곱셈식을 여기저기 넣은 뒤, 나머지 자리에는 아
무 숫자나 쓰면 문제를 완성할 수 있다. 하지만 아이가 우선 시행착
오를 겪을 수 있도록 한 뒤, 문제 만드는 데 시간이 많이 걸리면 문
제 만드는 방법에 대한 힌트를 살짝 주는 것이 좋다. 곱셈 퍼즐을 해

결하는 것보다 문제를 만들기 위해서 고민하는 시간이 더 많은 곱셈 연습이 되기 때문이다. 그리고 문제를 어렵게 내려면 어떻게 해야할지 고민하는 사이에 사고력이 깊어진다.

처음부터 곱셈 퍼즐 격자판을 크게 하는 것보다 3×3 정도의 작은 격자판에서 문제를 만들어보고 행과 열을 하나씩 늘려가면서 시도하는 것이 좋다. 생각하는 것을 좋아하는 친구들은 이러한 활동에 큰 흥미를 보인다. 생각하는데 시간이 걸려도 아이가 좋아하면 예로 든 활동지처럼 큰 격자판에 문제를 만들어보자. 단, 자신이 문제를 만들고 답을 모르거나 못 찾는 경우가 종종 있기 때문에 문제를 만들면서 답 체크를 정확하게 하고, 자신도 모르게 답이 발생하는 곳은 없는지 다시 한번 검토해보는 것이 좋다.

곱셈구구 연습을 많이 한 상태라면 곱셈구구표를 만들어보자. 첫 번째 가로줄에 1부터 9까지, 첫 번째 세로줄에 1부터 9까지를 쓰고 가로줄과 세로줄이 만나는 자리에 곱셈한 값을 작성하는 것이다. 곱셈구구표는 '초등 2학년 2학기 6단원 규칙찾기'에서 규칙을 묻는 문제에 나오기 때문에 미리 익숙해지면 좋다. 곱셈구구표 중 일부분을 잘라 빈 칸을 만들어도 빈 칸에 들어가는 수를 구할 수 있을 정도로 곱셈구구표의 수 배열을 이해해야 한다.

곱셈구구표를 이용하여 게임도 진행할 수 있다. 네 칸짜리 표를 곱셈구구표에 올려놓았을 때 4개의 수 중 2개의 수를 알려주고 4개의 수를 모두 맞히는 것이다. 처음에는 곱셈구구표를 보면서 게임을 진행하다가 곱셈구구표가 익숙해지면 보지 않고 4개의 수를 맞혀 본다. 곱셈구구표를 머릿속으로 떠올리면서 수의 배열 규칙을 생각 해볼 수 있어서 좋은 활동이다.

※ 곱셈퍼즐을 만들어 보세요

[예] 곱이 10인 두 수를
찾아서 묶어 보세요

2	5	3
4	2	6
5	3	8

* [예]와 비슷한 곱셈 퍼즐을 만들어 보세요

96

※ 곱셈구구표를 완성해보세요.

×	1	2	3	4	5	6	7	8	9
1									
2									
3									
4									
5									
6									
7									
8									
9									

다음으로 곱셈 빙고 게임을 진행해보자. 다음과 같은 빙고판을 만들어서 주사위 2개를 던졌을 때 나오는 눈의 수를 서로 곱하여 나온 줄로 빙고를 만드는 방법이다. 빙고판에 처음 수를 채울 때, 주사위 눈의 수가 몇부터 몇까지 있는지를 고려하지 않고 자신이 알고 있는 곱셈값을 넣어서 작성하는 아이도 많다. 그래서 일단 게임을 진행하고, 게임이 다 끝난 뒤에는 꼭 빙고가 되지 않았던 이유에 대해 생각해봐야 한다. 예를 들어 빙고판에 7을 썼다면 주사위 눈의 수를 곱해 7을 만들 수 없다는 것을 아이가 알아내야 한다. 또는 25 같은 수는 주사위 눈이 모두 5가 나와야 하기 때문에 확률적으로 빙고를 만들기 어렵다. 반면 12 같은 수는 3과 4 또는 2와 6이 나오면 체크할 수 있기 때문에 빙고줄을 완성하기 수월해진다. 곱셈 빙고 게임은 간단하지만 곱셈 연습을 여러 번 할 수 있다는 장점이 있으면서, 동시에 게임 전략을 생각하지 않으면 빙고 완성이 불가능하다는 장점도 있어 적극 추천하는 활동이다.

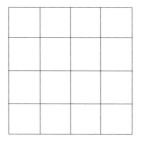

●● 빙고판

곱셈 활동에 추가로 도움이 되는 수학 동화, 보드게임 등을 소개한다. 《떡장수 할머니와 호랑이는 구구단을 몰라》는 일단 스토리가 굉장히 재미있어서 아이들이 재미있게 읽는다. 그래서 유아 친구들도 엄마와 쉽게 접근해볼 수 있는 책이다. 꼭 필요한 곱셈 관련 개념들이 쉽게 설명되어 있고, 나눗셈과 분수 개념까지 연결되는 부분이 있다. 곱셈을 잘 이해하면 나눗셈의 이해에도 도움이 되기 때문에 꼭 읽어보는 것을 추천한다. 나눗셈 관련 수학 동화로는 《신통방통 나눗셈》을 추천한다. 나눗셈의 등분제와 포함제를 쉽게 설명해주는 책이다. 스토리의 상황이 나눗셈의 개념과 잘 연결되어서 아이들이 거부감 없이 여러 번 읽는 편이다.

곱셈 활동에 도움이 되는 수학 동화책

《떡장수 할머니와 호랑이는 구구단을 몰라》 이안 글/김준영 그림, 수학놀이 한지연, 뭉치

《신통방통 나눗셈》 서지원 글/심창국 그림, 좋은책어린이

종종 반드시 외워야 하는 곱셈구구도 외우지 않는 아이들이 있다. 외우기를 귀찮아 한다고 표현하는 것이 더 정확할 것이다. 아무리 수학을 잘 해도 곱셈을 외우지 않고 곱셈 문제가 나올 때마다 덧셈을 사용해서 답을 구하면 문제 푸는 시간이 오래 걸리기 때문에

좋지 않다. 연산 문제집 푸는 것도 싫어하고, 곱셈구구를 외우려고 하지 않는다면 아래의 교구를 활용해보자. 첫 번째 교구는 〈릴브레인〉이다. 투명 막대에 곱셈 연산 카드를 넣어서 위의 수를 보고 곱셈한 값을 찾아서 실로 감는 것이다. 곱셈 연습을 시키는 것은 동일한데 문제를 풀면서 연습하는 것이 아니다보니 아이들이 재미있게 하거나 거부감 없이 하는 편이다. 두 번째 교구는 〈트라이팩타〉 보드게임이다. 게임을 해서라도 곱셈 연습을 시키기 위해 사용하는 교구라 곱셈구구를 전혀 외우지 않았을 때 사용하기보다는 곱셈구구를 외우긴 했지만 완벽하게 빠른 편은 아닐 때 그 부분 연습을 위해 활용하는 것이 효과적이다.

©씨투엠에듀

●● 곱셈 학습을 돕는 교구

곱셈과 나눗셈 관련 연산 문제집은 한 권으로 내용을 정리할 때 사용하는 것을 추천한다. 곱셈을 처음 배울 때 활용하는 것보다는 곱셈 학습을 두 자리 곱하기 두 자리 부분까지 한 뒤, 개념을 다시 정리한 후 세 자릿수 확장까지 하면 효과적이다. 자릿값이 많은 곱셈 단계는 빨리 하는 것보다 원리를 적용하고 정확하게 풀 줄만 알면 되기 때문에, 아래의 교재를 진행할 때 잘 이해하는 것 같았다면 나눗셈 과정으로 넘어가도 된다. 곱셈을 잘 해도 한 권쯤은 진행해 정리해보는 것을 추천한다.

곱셈 학습을 돕는 문제집

《강미선쌤의 개념 잡는 곱셈 비법》 강미선 저, 하우매쓰앤컴퍼니
《바쁜 3,4학년을 위한 빠른 연산법》 등(초등 바빠 연산법 시리즈)
징검다리 교육연구소, 최순미 저, 이지스에듀(이지스에듀)

돈 계산을 통해 큰 수로 확장하는 방법

요즘 아이들은 돈 계산할 상황이 거의 없다보니, 일상생활에서 수의 체계를 익히거나 연산 학습이 되는 효과를 누리기가 어렵다. 돈은 수를 이해하기 좋은 교구이며, 교과나 사고력 문제집의 연산 영역에서 자주 등장하는 문장제의 주제이다. 그렇기 때문에 돈을 이용한

활동으로 세 자릿수, 네 자릿수, 큰 수의 이해로 확장을 해가는 것이 좋다.

시장놀이, 은행놀이는 수를 이해하는데 좋은 놀이다. 다들 어렸을 때 유치원에서 시장놀이를 한 경험이 있을 것이다. 학교에서도 벼룩시장 등의 활동이나 체험으로 아이들이 돈 계산을 자연스럽게 경험하도록 유도할 수 있다. 이런 활동을 위한 보드게임으로 〈라벤스브루거 시장놀이〉를 추천한다. 유치해 보인다고 생각할 수 있지만, 유치할수록 연령이나 성별에 상관없이 좋아하는 편이다. 6세부터 9세까지 사용하면 효과적이다. 단순히 물건을 사고 팔기만 하는 것이 아니라 게임을 이기기 위한 전략도 사용해야 하는 점이 도움될 것이다.

●● 〈라벤스브루거 시장놀이〉

1,000원이면 100원짜리 동전이 몇 개 필요한지, 10,000원이면 1,000원짜리 지폐 몇 장과 바꿀 수 있는지 이해하는 활동이 필요하다. 즉 한 자릿값씩 이동할 때마다 10배씩 커진다는 것을 이해해야 한다는 뜻이다. 수 체계와 곱셈의 원리를 동시에 익힐 수 있는 보드게임이라 수 영역에서 단위 변환을 잘 하는 친구들은 두 자릿수 곱하기 두 자릿수, 세 자릿수 곱하기 두 자릿수에서 몇 십, 몇 백을 곱할 때 0의 개수를 어떻게 처리해야 하는지 정확하게 이해하는 모습을 보인다.

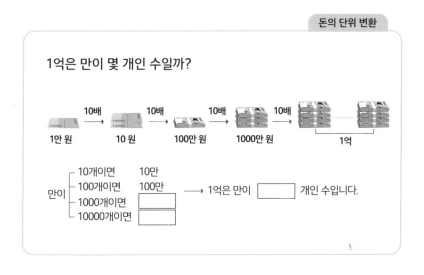

돈을 바꿔가면서 돈 계산을 해볼 수 있는 보드게임에는 〈부루마블〉, 〈모두의 마블〉이 있다. 가지고 있는 재산을 사고 팔면서 큰 수

©씨앗사

©코리아보드게임즈

●● 돈 단위를 바꿔볼 수 있는 보드게임

에 관한 연산도 할 수 있고. 가지고 있는 재산을 다른 단위의 돈으로 바꿔서 사용해보는 경험도 할 수 있다.

돈 계산을 할 때 아래와 같은 문제를 참고해서 직접 해보자. 보드게임을 진행할 때 아이가 은행 역할을 하게 하고 엄마가 10만원짜리를 주면서 "10,000원짜리 7장과 1,000원짜리 21장을 사용하고 은행에 저금하고 남은 돈을 달라"는 등의 말로 바꿔서 물어보는 것이다. 만약에 아이들이 이런 활동을 어려워한다면 앞서 소개한 연결큐브를 이용하여 묶음과 낱개를 만들어서 이해하는 활동을 함께 하는 것이 좋다. 예를 들어 1,000원으로 돈을 바꾸는 것을 어려워한다면 큐브 하나를 100원으로 생각하고 조작해보는 것이다. 연결큐브 하나의 단위를 100원, 1,000원 등으로 바꿔서 사용하면 어려워하

●● 자릿값 달력

는 큰 수 변환을 이해하는 데 효과적이다. 이때 양으로 조작하고 수로 나타내서 매칭하는 활동도 함께 하면 좋다. 추천 교구는 '자릿값 달력'이다. 지난 달력을 활용해 만들 수 있다. 달력을 4등분해서 자르고 0부터 9까지를 각 자리마다 그려 넣는다. 스티커용 A4용지를 사용해서 달력에 붙이고 숫자를 쓰면 쉽게 만들 수 있다. 자릿값 달력을 2세트 만들면 각각 만의 자리, 네 자릿수로 구성할 수 있어서 효과적이다. 수가 약한 친구들도 다양한 활동을 많이 해보면 자연수 체계에 대해서 이해할 수 있을 것이다.

철수는 10,000원짜리 지폐 7장, 1000원짜리 지폐 21장, 100원짜리 동전 15개, 10원짜리 동전 8개를 저금했습니다. 철수가 저금한 돈은 모두 얼마인가요?

(   )

정답: 92,580원

저금통에 50,000원짜리 지폐 3장, 10,000원짜리 지폐 5장, 1,000원짜리 지폐 32장, 100원짜리 동전 27개, 10원짜리 동전 25개가 있습니다. 저금통에 있는 돈은 모두 얼마인가요?

(   )

정답: 234,950원

분수는 일찍부터 조금씩 노출해주자

자연수를 이해하는 데에 많은 시간이 걸리는 것처럼 분수를 완벽하게 이해하는 데에도 상당한 시간이 걸린다. 분수는 자연수보다 추상적인 개념이기 때문에 이해하기 어려운 것이 당연하다. 수에 대한 감각이 약한 아이라 자연수 체계에 대한 이해가 빠르지 않았다면, 분수 개념은 유아 때부터 조금씩 노출해주는 것이 좋다. 분수에 대한 개념을 처음 노출할 때는 음식을 활용하는 것이 가장 이해하기 쉽다. 사과를 보여주면서 아이에게 아래처럼 말하는 식이다.

> **엄마** 엄마랑 사과 나눠 먹을까? (사과를 반으로 자른 뒤)엄마 반쪽, 태선이 반쪽 먹자. 엄마 반쪽이랑 태선이 반쪽을 합치면 다시 사과 1개가 되네.

이와 같이 음식을 나눠 먹는 상황은 자주 반복되기 때문에 그때마다 몇 개로 나누고 몇 개 중에 하나를 먹는다는 식으로 알려주면 분수의 기초 개념을 이해 하는데 도움이 된다. 사과, 피자, 초콜릿 등 연속된 양을 나눠서 부분을 가져보는 연습을 충분히 한 뒤에는 '초콜릿 10개를 둘이서 나눠 먹으려면 몇 개씩 먹어야 하는지' 같은 방식으로 나눠본다. 나눗셈의 개념을 익히는 것은 동일하지만, 10의 1/2은 5인 것을 익히는 활동이기 때문에 분수 개념 이해에도 도움이 된다. 분수는 나눗셈 개념도 포함하기 때문에 나눗셈 개념과 동일한 설명이 있는 것이 당연하다.

나눠보는 활동을 많이 했다면, 그것을 수로 나타낼 때 어떻게 표현하고 읽는지 알려준다.

> **엄마** 엄마 사과 반쪽, 태선이 사과 반쪽을 숫자로 나타낼 수 있어. 2개 중에 하나니까 1/2이라고 쓰고 이분의 일이라고 말하는 거야.

아이 입장에서는 익숙하지 않은 낯선 표현이지만 분수를 어느 연령에 배우든 처음 드는 느낌은 동일하다. 분수를 나타내는 방식은 약속이기 때문에 '이런 상황을 수로 나타내면 이렇게 쓸 수 있다'는 설명을 자주 해주면 분수 표현에 익숙해질 것이다.

다음 활동은 도형을 등분해보는 것이다. 도형 영역에는 주어진 도형을 4개로 쪼갤 수 있는 여러 가지 방법을 묻는 부분이 있다. 도형 등분을 통해 분수와 도형 영역을 골고루 살펴볼 수 있는 활동이다. 처음에는 엄마가 먼저 도형을 그리고 등분한 뒤, 색깔을 칠해서 아이가 분수로 말해볼 수 있도록 한다. 그리고서 아이에게 여러 가지 도형 전체를 그려주고 등분할 수 있도록 해본다. 그림 그리기를 지루해하는 경우, 색종이를 접어서 등분하는 것도 추천한다. 색종이 접기 주제는 자주 나오는 문제이면서 아이들이 어려워하는 주제이기 때문에 활동을 많이 해보는 것이 좋다. 등분되어 있는 교구나 일상 생활 도구를 사용하는 것보다 직접 등분을 해보는 것이 분수의 개념 이해에는 더 도움이 되기 때문에 반드시 이 방법을 활용해보자. 초등 3-4학년 때 분수 문제를 잘 푸는 친구들을 보면 문제 상황을 그림으로 잘 그린다는 것도 참고로 알아두자.

분수를 다양하게 나타냈다면, 다음으로 단위분수 개념을 익히는 활동을 한다. 단위분수는 분수에서 정말 중요한 개념이지만, 아이가 단위분수를 말로 설명할 수 있고, 정확하게 이해하고 적용하는 경우

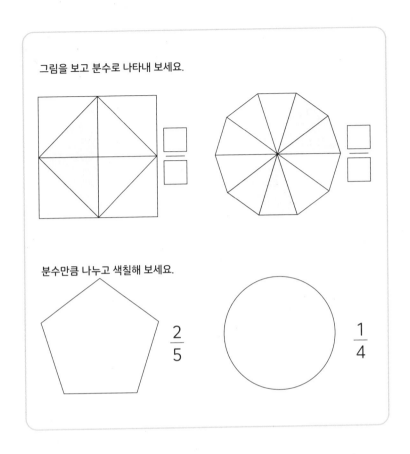

그림을 보고 분수로 나타내 보세요.

분수만큼 나누고 색칠해 보세요.

$\dfrac{2}{5}$

$\dfrac{1}{4}$

는 매우 드물다. 아이는 단위분수를 통해서 '분수는 분모가 같아야 더하거나 뺄 수 있다'는 개념을 이해하게 된다. 또한 '분모가 다르면 분모를 똑같이 맞춰줘야만 연산을 처리할 수 있다'는 개념도 쉽게 이해할 수 있다.

단위분수를 익히는 게임을 진행해보자. 다음과 같은 여러 가지 단위분수 조각을 준비한다. 주사위의 6면은 1/2, 1/3, 1/4, 1/5, 1/6,

1/8 등의 단위분수로 채운다. 주사위를 던져서 나온 단위분수를 자신의 원판에 채워 넣는다(단위분수 조각을 더 다양하게 사용할 때는 주사위 2개를 준비한다. 이때, 게임을 진행할 때는 주사위 중 하나만 던진다). 자신의 원판 2개를 먼저 채운 사람이 이기는 게임이다. 게임을 하며 단위분수 조각을 아무렇게나 놓으면 전체 1을 절대로 채울 수 없는 상황이 된다. 예를 들어 1/2 조각을 넣고, 1/4 조각 2개를 넣으면 전체 1을 채울 수 있지만, 1/9 등의 조각을 넣으면 전체 1을 채우기 불가능하다. 이 게임을 통해서 단위분수와 크기가 같은 분수에 대한 개념을 이해할 수 있다.

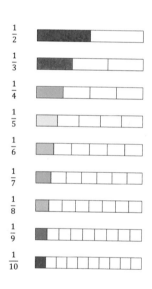

●● 단위분수 예시

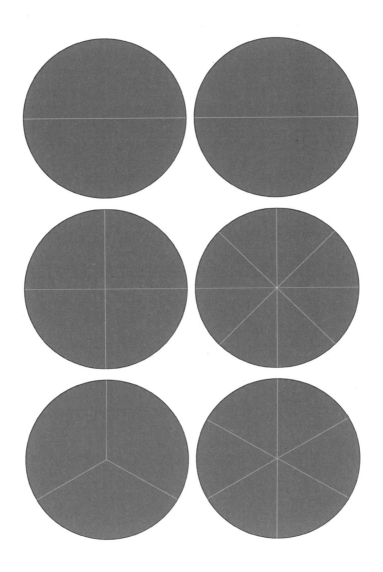

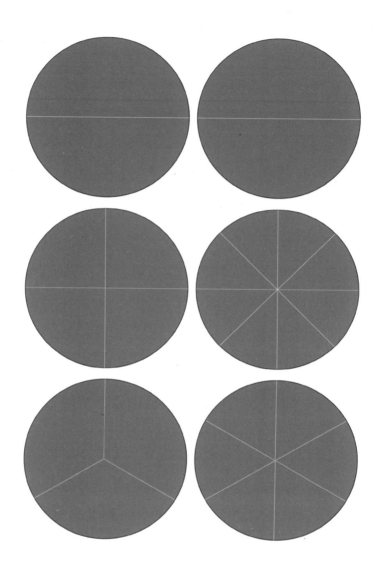

VS

마지막으로 크기가 같은 분수를 익히는 활동이다. 정사각형 2개가 연결된 모양의 도미노를 사용한다. 도미노의 한 쪽에는 분수를 쓰고 한 쪽에는 그림으로 분수를 나타낸다. 단, 분수로 나타낸 것과 동일한 그림을 그리면 안 된다는 점에 주의해야 한다. 이렇게 만든 〈분수 도미노 카드〉를 수로 나타낸 분수와 똑같은 그림 분수를 찾아서 연결한다. 길게 기차처럼 만들어도 되고, 자동차 모양으로 끝과 끝이 연결되게 분수 도미노 카드를 놓을 수도 있다. 〈분수 도미노 카드〉는 예시 그림을 참고하여 직접 만들어서 해보는 것이 좋다.

〈분수 도미노 카드〉를 이용해 게임을 진행해보자. 엄마와 아이의 가운데에 카드 하나를 올려놓고 나머지 카드는 반씩 나눠 갖는다. 서로 번갈아 가며 가운데 카드에 연결할 수 있는 카드를 내려놓고, 자신이 가지고 있던 카드를 모두 내려놓으면 이기는 게임이다. 위에서 살펴봤던 활동을 게임으로 진행하는 것이라 생각하면 된다. 아이들은 게임으로 한 번 더 해보면서 개념을 정확하게 이해하고, 이기고 싶어서 더 많이 생각하기 때문에 게임을 진행해보는 것을 추천한다.

<예시>

$\dfrac{2}{6}$		$\dfrac{1}{5}$
$\dfrac{1}{2}$		$\dfrac{3}{4}$
	$\dfrac{2}{3}$	

$\dfrac{1}{2}$		$\dfrac{2}{3}$	
$\dfrac{1}{3}$		$\dfrac{3}{4}$	
$\dfrac{1}{4}$		$\dfrac{2}{4}$	
$\dfrac{1}{5}$		$\dfrac{2}{5}$	
$\dfrac{1}{6}$		$\dfrac{3}{5}$	

$\dfrac{4}{5}$

$\dfrac{1}{3}$

$\dfrac{2}{6}$

$\dfrac{2}{3}$

$\dfrac{3}{6}$

$\dfrac{1}{4}$

$\dfrac{4}{6}$

$\dfrac{3}{4}$

$\dfrac{5}{6}$

$\dfrac{1}{2}$

분수 학습에 도움이 되는 것들/ 교재, 교구, 수학 동화

　분수 개념에 도움이 되고 자주 활용할 수 있는 교구로 〈패턴블럭〉을 추천한다. 〈패턴블럭〉은 6개의 조각으로 이뤄져 있다. 각 조각마다 변의 길이가 동일해서 분수나 닮음 등과 관련된 활동을 할 수 있다. 예를 들어 초록색 정삼각형 모양을 4개 또는 9개 이용해서 다시 정삼각형을 만들 수 있고 그 과정에서 분수 개념을 적용해서 설명할 수 있다. 초등 4학년 2학기 6단원 다각형 부분에는 〈패턴블럭〉을 이용한 모양 분할을 묻는 문제도 교과 문제집에 수록되어 있어서 여러 모로 활용도가 좋다.

 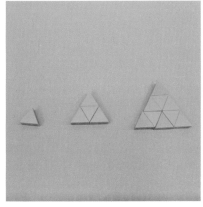

●● 패턴블럭과 패턴블럭 활용

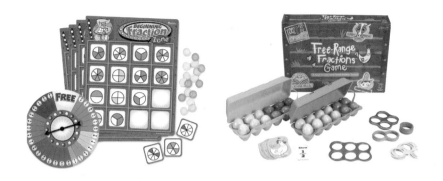

●● 분수 학습에 도움이 되는 교구

　분수 학습에 도움이 되는 보드게임을 추천한다. 하나는 〈분수 빙고 게임〉이고 다른 하나는 〈Free Range Fraction game〉이다. 〈분수 빙고 게임〉은 분수 카드를 빙고판 위에 올려놓고 분수 회전판을 돌려서 나오는 분수를 빙고로 맞추면 이기는 게임이다. 직접 만들어서 진행해 볼 수도 있는 게임이라서 분수 카드를 그림이나 수로 나타내고, 분수 회전판은 주사위를 이용해서 진행해도 된다. 수로 나타낸 분수와 그림으로 나타낸 분수를 연결하는 활동은 크기가 같은 분수 개념을 이해하는 데에 도움이 된다. 크기가 같은 분수 개념을 잘 이해해야만 이분모 연산을 쉽게 익힐 수 있기 때문에 상당히 중요하고 도움이 되는 활동이다.

　〈Free Range Fraction game〉은 초등 3학년 2학기 4단원 분수에 나오는 개념을 직접 활동해볼 수 있는 보드게임이다. 아래와 같

은 문제를 헷갈려 하고, 주어진 빈 칸을 구할 때, 그렇게 푸는 이유
는 모르고 곱하거나 나누는 등의 계산 방법만 기억하는 아이도 상
당히 많다. 이 부분은 분수 개념을 이산량에 적용해서 이해해야 하
고, 추후 초등 5학년 분수의 곱셈에서 배우는 내용과 연결되는 부분
이라서 상당히 중요하다. 〈Free Range Fraction game〉 보드게임
은 그 부분을 교구를 직접 조작하면서 이해할 수 있도록 구성되어
있어서 초등 3학년 2학기 부분을 자꾸 어려워하는 친구들에게 추천
한다.

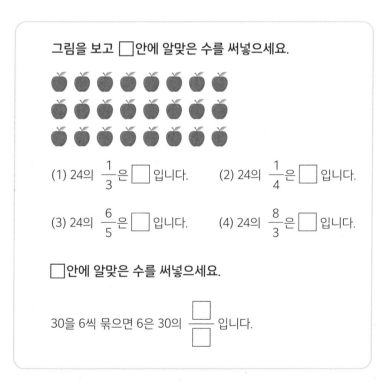

분수 개념을 이해하는 데에 수학 동화를 활용하는 것은 매우 좋은 방법이다. 앞서 여러 가지 분수 활동을 소개했지만, 개념을 다시 정리하는 것이 필요하다. 수학 동화는 이때 보는 것이 효과적이다. 동화는 한 번만 읽고 끝내지 말고 분수 관련 단원을 할 때마다 책 전체를 다시 읽게 하는 것이 좋다. 분수 단원을 따로따로 배우다 보니 하나로 연결이 안 되어서 개념 이해가 약한 경우가 많기 때문이다. 분수 관련 수학 동화의 난이도는 왼쪽에서 오른쪽으로 갈수록 어렵다. 처음 분수를 접한 친구들에게는 《소원이 이루어지는 분수》를 추천한다. 초등 5-6학년 분수 관련 단원 내용까지 확장하려는 친구들에게는 《분수, 넌 내 밥이야》를 추천한다. 같은 분수 관련 수학 동화지만 언급하는 분수 개념의 양이나 개념을 설명하는 부분에 따라 순서를 두고 읽는 것이 아이들이 이해하기 수월할 것이다.

분수 개념의 이해에 도움이 되는 수학 동화책

《소원이 이루어지는 분수》 도나 조 나폴리 글/애너 커리 그림/박영훈, 이미경 옮김, 주니어김영사

《견우와 직녀가 분수 때문에 싸웠대》 이안 글/김창희 그림/한지연 수학놀이, 뭉치

《분수, 넌 내 밥이야》 강미선 저/앙꼬 그림, 북멘토

분수 학습에 도움이 되는 문제집을 추천한다. 《상위권 연산 960 C4》, 《사고셈 초등 3단계 4호》, 《바쁜 3,4학년을 위한 빠른 분수》는

연산 문제집의 단계 중 분수 파트가 있는 교재이다. 책 한 권으로 분수 내용을 살펴보기 때문에 분수 개념 이해를 잘 하는 친구들이 한 권으로 가볍게 정리해보기에 좋다. 분수 내용이 여러 권으로 구성되어 있는 문제집도 있다. 《초등 분수 개념이 먼저다》, 《분수 비법》(개념편, 덧셈뺄셈편, 곱셈나눗셈편)이다. 분수를 시작한지 얼마 안 되었다면 《초등 분수 개념이 먼저다》를 추천한다. 분수의 기초 개념부터 학습할 수 있도록 내용이 구성되어 있다. QR코드를 이용하여 강의도 들을 수 있기 때문에 엄마표로 분수 학습을 시작하기 좋은 교재이다. 단, 3권부터는 초등 5학년 내용이 나오기 때문에 연이어 푸는 것보다 교과 진도에 맞춰서 진행 속도를 조절하는 것이 좋다. 《분수 비법》은 초등 5-6학년 친구들이 초등 분수 개념 정리를 할 때 활용하면 좋은 책이다. 따라서 분수를 처음 배운 친구들이 교재를 진행하기에는 다소 어렵다. 한번 배운 친구들이 따로따로 떨어진 분수 개념을 연결하고, 기계처럼 계산하는 습관을 고치고 원리를 이해하는 데에 도움이 된다.

분수 학습에 도움이 되는 문제집
《바쁜 3,4학년을 위한 빠른 분수》 징검다리 교육연구소, 강난영 저, 이지스에듀
《초등 분수 개념이 먼저다》 키 수학학습방법연구소 저, 키출판사
《강미선쌤의 개념 잡는 분수 비법(개념편, 연산편-덧셈과 뺄셈, 연산편-곱셈과 나눗셈)》 강미선 글, 하우매쓰앤컴퍼니

8세	9세
곱셈구구 완성	두 자리 곱하기 또는 나누기 한 자리 암산
나눗셈의 원리 이해	두 자리 곱하기 두 자리
두 자리 곱하기 한 자리 원리 이해	자연수 혼합계산 원리

8-9세 시기의 연산은 자연수 사칙 연산의 원리를 완성하고 분수 개념을 이해하는 것에 목표를 두는 것이 좋다. 초등 4-5학년 과정에서도 자연수, 자연수 연산 등의 단원이 나오지만, 원리를 새롭게 배우는 것이 아니라 자릿값이 많아진 것에 불과하기 때문이다. 단, 초등 3학년까지 다루는 연산 학습에 구멍이 나면 초등 4학년 이후에도 앞서 했던 내용들을 추가로 복습해야 하는 경우가 생긴다. 그렇기 때문에 초등 3학년까지 다루는 연산의 원리를 정확하게 이해하고, 연산이 빠르고 정확해지도록 연습하는 것이 중요하다.

8세 때에는 곱셈구구 완성, 나눗셈 원리 이해, 두 자릿수 곱하기 한 자릿수의 원리 이해를 목표로 둔다. 곱셈구구 완성은 쉬워 보이지만 생각보다 어렵다. 2단부터 9단까지 줄줄 외운다고 곱셈구구를 완성했다고 판단하지 않기 때문이다. 곱셈구구를 거꾸로 말해보고, '아이엠그라운드 곱셈 게임'을 진행할 때 중간에 시간을 들여 머뭇 거리지 않을 정도로 완벽해야 한다. 초등 2학년 2학기 내내 곱셈구구 문제를 다양하게 섞어 일주일에 한 페이지씩 계속 꾸준히 풀면서 연습하면 효과적이다. 간혹 2학기 내내 곱셈구구 프린트를 주시는 학교 담임 선생님도 있는데, 정말 좋은 선생님이다. 한 달 동안 열심히 외우고 문제집을 풀었으니까 다 되었다고 넘어가고 연습을 멈추는 것은 좋지 않다. 기준은 언제 물어보든 1초 만에 답이 나올 정도의 속도와 정확성을 갖추는 것이다.

곱셈구구를 익히면 나눗셈의 원리만 알아도 나눗셈구구 단원을 풀 수 있다. 연산 문제집의 단계 구성을 살펴보면 거의 대부분 초등 2학년 과정 곱셈구구 뒤에 나눗셈구구 문제가 나오도록 되어 있다. 하지만 여기서 조심해야 하는 것은 나눗셈의 원리를 놓치고, 암기한 곱셈구구를 바탕으로 몫을 구하는 것을 나눗셈구구를 잘 하는 것으로 착각하는 일이다. 앞서 설명한 나눗셈의 원리를 아이가 줄줄 설명하지는 못해도, 원리를 기반으로 문장제 문제를 구성할 수 있어야 한다. 나눗셈 원리를 묻는 문제를 실수로 틀리는 경우에도 아이가 나눗셈 원리를 완벽하게 이해하지 못했다고 판단할 수 있다. 나눗셈 수학 동화를 참고해서 나눗셈 개념을 여러 번 다지자. 나눗셈구구 문제는 곱셈구구만 잘 하면 자연스럽게 풀 수 있기 때문에 나눗셈구구 문제를 푸는 것에 치중하지 않도록 한다.

곱셈의 개념을 제대로 익히면 두 자리 곱하기 한 자리, 두 자리 곱하기 두 자리 등 자릿값이 많아져도 동일하게 적용하고 시간이 걸려도 답을 구할 수 있어야 한다. 곱셈의 원리를 이해하고 곱셈구구를 외우는 것이 일반적이기 때문에 곱셈구구를 90% 정도 외웠다면 두 자리 곱하기 한 자리 문제를 제시하여 곱셈 개념을 적용해볼 수 있도록 하는 것이 좋다. 초등 2학년 2학기 시각과 시간 단원에서 단위 변환하는 문제 중, 두 자리 곱하기 한 자리를 할 수 있으면 쉽게 답을 구할 수 있는 문제들이 나온다. 물론 덧셈과 뺄셈으로 풀 수도 있지만, 두 자리 곱하기 한 자리 방법을 알면 훨씬 쉽게 해결할 수 있다. 상위 학년에 있는 연산 내용이라고 미리 걱정하거나 지레 어려울 것이라 겁먹지 말고 노출해보자. 아이들은 쉽게 받아들일 것이다.

9세에는 두 자리 곱하기 또는 나누기 한 자리 암산 / 두 자리 곱하기 두 자리 / 자연수 혼합계산의 원리를 이해하는 데에 목표를 둔다. 자연수 사칙 연산 중에 어디까지 암산이 되어야 하는지 묻는다면 두 자리 곱하기 또는 나누기 한 자리까지는 암산 처리가 가능해야 한다. 하지만 초등 4-6학년뿐만 아니라 중학생 친구들 중에도 이 정도의 암산 처리가 안 되는 경우가 생각보다 많다. 이 암산이 왜 필요한지 궁금하실 것 같다. 예를 들어 가분수를 대분수로 고칠 때 두 자리 나누기 한 자리가 어려운 친구들은 세로셈으로 나눗셈을 하는 경우가 많다. 이 방법이 부적절한 아니지만 아무래도 문제 푸는 시간이 오래 걸린다. 5-6학년 분수 단원을 학습할 때는 실수가 많이 발생하게 된다 이미 4-6학년인 아이라도 암산 연습을 많이 안 한 경우라면 이 부분은 복습을 하는 것이 좋다. 암산은 받아올림이나 내림을 표시하지 않고 계산하는 것을 의미한다. 연산을 잘하는 친구들은 두 자리 곱하기 또는 나누기 한 자리 정도는 말로 식을 물어봐도 암산이 가능할 정도로 할 수 있으니 참고해보자.

두 자릿수 곱하기 두 자릿수 연산 문제까지는 문제 푸는 속도를 신경 써서 체크해야 한다고 말씀드리고 싶다. 중등 과정에서 소수 계산은 나오지 않는다. 나오더라도 분수로 고쳐서 하면 되고, 복잡한 소수는 나오지 않는다. 그렇기 때문에 초등 과정에서 세 자리 곱하기 두 자리, 세 자리 곱하기 세 자리 등은 속도보다는 정확성이 훨씬 더 중요하다. 하지만 두 자리 곱하기 두 자리는 중등 과정에서 빠르게 처리할 수 있을 정도로 연습하는 것이 좋다. 중등 과정에서 숙제 1페이지 할 때 아이마다 시간 차이가 상당히 나는데 바로 기본적인 범위의 연산 속도 차이 때문이다. 복습을 신경 써야 하는 부분은 바로 두 자리 곱하기 두 자리까지라고 생각하면 된다.

사칙 연산의 원리를 다 익혔으니, 사칙 혼합 계산일 때 계산 순서와 괄호 처리 순서를 익히는 것은 어렵지 않다. 혼합 계산에서 계산 처리 순서만 알면 초등 5학년 1학기 자연수 혼합 계산에서의 연산은 충분히 가능하다. 초등 연산을 크게 자연수 연산과 분수 연산으로 나눈다고 할 때, 자연수 연산까지 해놓으면 절반 이상을 끝낸 셈이라 이후에 분수 연산만 진행하면 초등 교과 과정의 예습이나 선행이 훨씬 더 수월해질 것이다.

분수 개념을 이해했는지
확실하게 알 수 있는
10-11세

10-11세는 초등 수학 과정에서 연산을 마무리할 수 있는 시기이다. 중등 수학 과정을 들어가기 전에 초등 수학 과정에서 배운 연산의 원리를 확인하고, 연산 속도 및 정확성을 점검해야 하는 중요한 시기인 것이다. 이 시기에 나타나는 연산의 오류나 구멍을 단순한 실수라고 생각하지 않고, 오답이 발생한 이유를 찾아야 한다. 이러한 연산 오류와 구멍은 특히 분모가 다른 분수의 사칙 연산을 할 때 두드러지게 나타난다. 자연수 사칙 연산의 속도나 정확성이 부족한 부분도 확인할 수 있다. 초등 고학년 과정이라 학부모가 관심을 갖기 어려울 수 있지만, 연산만큼은 꼼꼼하게 관찰하고 체크해준다면 중등 수학 과정에서의 막막한 어려움은 줄일 수 있을 것이다.

피자의 1/2은 모두 같은 크기일까?

다음 문제를 아이들이 풀면 어떤 답을 구하는지 살펴보자. 정답이 무엇인지 몰라도 된다. 아이가 문제를 어떻게 풀었는지 설명을 하는 것을 들어보면 분수에 대해 얼마나 이해했는지 감을 잡을 수 있을 것이다.

> 윤주는 1.5L 우유의 3/5를 마셨고, 현지는 1/2L를 마셨습니다.
> 두 사람이 마신 우유는 모두 몇 mL일까요?

이 문제를 900+500mL=1,400mL라고 구했다면 정답이다. 하지만 오답으로 900mL+750mL=1,650mL도 많이 나온다. 아이들은 왜 이런 오답을 구했을까? 문제를 푼 과정의 설명을 들어보면 이렇다. 윤주가 마신 우유의 양은 1.5L의 3/5는 1.5L의 1/5이 300mL이고, 3/5는 1/5이 3개가 있는 것이기 때문에 300×3=900mL이다. 초등 3-4학년 분수 개념을 어느 정도 이해하고 있으면 알맞게 풀 수 있다. 문제는 현지가 마신 우유의 양이다. 문제에 "현지는 1/2L를 마셨습니다"라는 문장이 있다. 이 부분의 해석이 아이들마다 달라 1.5L의 1/2은 750mL라고 설명하는 경우가 있고, 1/2L는 1L의

1/2을 의미하는 것이기 때문에 1/2L는 500mL라고 설명하는 경우도 있다. 만약 전자로 대답했다면 아이의 분수에 대한 이해가 정확하지 않다는 것을 알 수 있다.

더 쉽게 물어본다면 이런 질문을 해보자

피자의 1/2은 모두 같은 크기일까?

왠지 질문에서 아닐 것 같은 생각에 "같은 크기가 아니에요!" 대답하는 친구들에게 "그럼 왜 같은 크기가 아닌지 설명해볼까?"라는 질문을 이어서 하면 대부분 아이들은 말문이 막힌다. '느낌 상 아닌 것 같을 뿐 왜 아닌지를 명쾌하게 설명하지 못한다'는 이 부분이, 아이가 분수에 대해 막연하게 이해하고 있다는 뜻이다.

분수는 전체에 대한 부분을 나타내는 수이기 때문에 전체에 따라서 1/2 크기는 달라진다. 지름이 10cm인 크기의 피자와 지름이 20cm인 크기의 피자는 전체 사이즈가 다르기 때문에 각각의 1/2의 크기는 다르다. 하지만 아이들은 자연수의 개념이 훨씬 익숙하기 때문에 "숫자가 같으면 같다?"라는 오류를 쉽게 범하게 된다. 앞서 설명한 우유의 양에 대한 문제에서도 마찬가지이다. 우유의 양에 따른 '몇 분의 몇'을 구하는 것이었다면 윤주의 우유의 양을 구하는 방법으로 푸는 것이 알맞다. 하지만 현지의 우유의 양은 1/2L라는 정확한 우유의 양이 주어졌기 때문에 1L에 대한 1/2 크기를 나타내는 표현이었다. 만약 오답으로 풀이한 과정이 정답이 되려면 문제에서 "현지는 같은 양의 1/2을 마셨습니다." 라고 표현되었어야 한다. 차이점이 무엇인지 확인했는가? "1/2L 마셨습니다"와 "1/2을 마셨습니다"는 전혀 다른 의미를 갖는 것이다.

하지만 아쉽게도 분수에 대한 정확한 이해는 초등 3-4학년 과정에서 완성하기 상당히 어렵다. 문제집의 정답을 맞히면 어느 정도 이해했다고 생각할 수밖에 없기 때문이다. 관련된 질문을 여러 번 물어본다고 해도 아이들이 이해가 아닌 기억이나 암기로 답을 하는 경우도 있기 때문에 완전히 이해했는지 알기 어렵다. 따라서 초등 5-6학년 과정에서 분수 응용 문제의 풀이를 설명할 수 있도록 유도해보는 것이 좋다. 그래야 정확하게 분수의 개념을 이해했는지 알 수 있다. 그리고 위에 제시한 2가지 문제를 초등 3-4학년 친구들에게 질문해보는 것도 좋은 방법이다. 설명이 정확하지 않다면, 다시 분수 개념을 복습하면서 관련 응용 및 심화 문제를 꼼꼼하게 살펴보는 것을 추천한다. 특히 아래의 예시 문제와 같은 유형에 대한 풀이 과정 설명을 잘 하는지 확인해보면 분수 개념을 이해했는지 효율적으로 확인해볼 수 있다.

(1) 철수가 집에서 학교까지 가는 데 전체 거리의 $\frac{3}{5}$은 걸어서 가고 나머지는 달려서 갔습니다. 달려서 간 거리가 걸어서 간 거리보다 240m 더 짧았다면 집에서 학교까지의 거리는 몇 km 몇 m일까요?

정답: 1km 200m

(2) ㉠의 $\frac{5}{8}$은 얼마인가요?

㉠의 $\frac{4}{7}$은 32입니다.

정답: 35

(3) 민수가 가지고 있던 색종이의 $\frac{3}{4}$을 영희에게 주고, 영희에게 주고 남은 색종이의 $\frac{4}{5}$를 철수에게 주었더니, 민수에게 색종이 30장이 남았습니다. 처음에 가지고 있던 색종이는 모두 몇 장인가요?

정답: 600장

크기가 같은 분수가 중요한 이유

초등 4학년 2학기 1단원 분수의 덧셈과 뺄셈, 초등 5학년 1학기 5단원 분수의 덧셈과 뺄셈에서 배우는, 굉장히 중요하지만 배웠는지 아닌지 기억이 안 나는 개념이 있다. 바로 '크기가 같은 분수'이다. 분명 초등 4학년 2학기 1단원 분수의 덧셈과 뺄셈 문제를 해결할 때, 동분모, 즉 분모가 같은 분수의 덧셈과 뺄셈을 해결하고, 초등 5학년 1학기 5단원 분수의 덧셈과 뺄셈 문제를 해결할 때, 이분모, 즉 분모가 같지 않은 분수가 나와서 통분을 해서 덧셈과 뺄셈을 계산했음에도 불구하고 왜? 이렇게 계산해야 하는지를 초등 3학년 개념부터 시작해서 명료하게 연결하지 못하는 모습을 보인다.

분수를 큰 것부터 차례대로 쓸 때, 두 번째로 오는 분수는 무엇인가요?

$$\frac{7}{8} \quad \frac{1}{10} \quad \frac{1}{8} \quad \frac{4}{8}$$

정답: $\frac{4}{8}$

위의 문제는 분수를 큰 순서대로 나열해야 하는 문제이다. 분모가 다른 분수들이 섞여 있어서 초등 5학년이 이 문제를 보면 대부분 통분부터 해서 크기를 비교하려고 한다. 하지만 분수의 개념이 정확한 친구들은 분자가 같은 분수끼리 또는 분모가 같은 분수끼리 비교하

면서 분수의 크기를 비교할 수 있다. 이 과정에는 분모가 다른 분수 끼리는 분자가 같은 경우가 아니라면 분수의 크기 비교가 불가능하다는 내용이 포함되어 있지만, 이런 조건까지 아이들이 스스로 찾아서 이해하기란 어렵다.

□ 안에 똑같은 분수를 써넣어 덧셈식을 완성하세요.

(1) □ + □ = $\dfrac{2}{5}$

(2) □ + □ = $1\dfrac{2}{8}$

(3) □ + □ + □ = 1

다음으로는 초등 4학년 2학기 1단원 분수의 덧셈과 뺄셈을 구할 때 아이가 어떻게 설명하는 지를 확인해야 한다. 이 부분은 무척 중요하다. 위의 문제에서 "어떤 수를 2번 더하면 1과 2/8를 만들 수 있을까?"라고 물어보면 분수의 개념에 맞춰서 설명하는 경우가 드물다. 이러한 문제를 낼 때 기대하는 풀이 방법은 이렇다.

1과 2/8에서 1은 8/8이잖아요. 8/8은 1/8이 8개이니까 먼저 반으로 쪼개면

4/8와 4/8가 되고요. 2/8은 1/8이 2개이니까 반으로 쪼개면 1/8과 1/8이 돼요. 그럼 4/8와 1/8이 합쳐져서 5/8를 2번 더하면 1/과 2/8가 돼요.

초등 3학년 2학기 4단원 분수에서 나오는 가분수와 대분수를 서로 바꾸는 방법을 설명할 때나 초등 4학년 2학기 1단원 분수의 덧셈과 뺄셈 단원의 문제를 해결할 때, 단위분수를 언급하면서 각각의 원리를 설명하는 방법을 알려주고 아이들이 스스로 설명할 수 있도록 연습을 하는 것을 추천한다. 그렇게 이해해야만 분모가 같지 않으면, 즉 단위분수가 같지 않으면 덧셈과 뺄셈을 처리할 수 없기 때문에 '크기가 같은 분수'를 구해야만 덧셈과 뺄셈 값을 구할 수 있다는 것을 명쾌하게 설명할 수 있을 것이다.

'크기가 같은 분수'의 개념은 초등 3-4학년들도 충분히 배우고 익힐 수 있다. 다음과 같은 그림으로 분수를 나타내는 연습을 통해서 '크기가 같은 분수'의 원리를 유도하고 이해할 수 있기 때문이다.

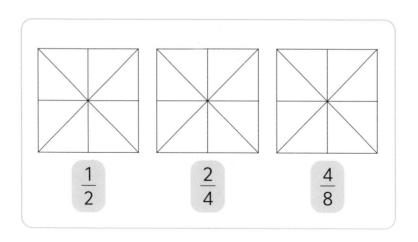

위의 그림에서 각각 1/2, 2/4, 4/8로 분수의 크기를 색칠하려면 분할된 조각 그대로를 보고 그냥 아무데나 색칠하는 것이 아니라 분모에 따라 분할된 조각의 기준을 다르게 생각해서 색칠해야 한다. 또한 크기가 같다는 것을 확실하게 이해하고 기억하려면 같은 위치에 분수의 크기를 색칠해야 한다. 색칠을 한다면 다음과 같다.

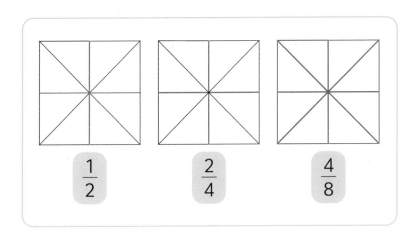

　위와 같은 활동을 통해서 '크기가 같은 분수를 구하려면 분모와 분자에 같은 수를 곱하거나 나눈다'는 것을 쉽게 이해할 수 있다. 그리고 '크기가 같은 분수'를 직접 계산을 통해 다양하게 구해보는 연습을 하는 것이 좋다. 이와 관련해서《분수, 개념이 먼저다》3권 교재를 살펴보는 것을 추천한다. 초등 수학 교과 문제집에는 원리 또는 기본 난이도라고 해도 '크기가 같은 분수'의 개념을 계산으로 묻고 답하는 문제 유형이 많다면,《분수, 개념이 먼저다》3권에서는 그림을 통해서 크기가 같은 분수를 구할 때 분모와 분자에 같은 수를 곱하거나 나누는 게 무엇을 뜻하는지 쉽게 이해할 수 있도록 제시하고 있다. 분수 개념을 어려워하는 친구들은 참고해보는 것을 추천한다.

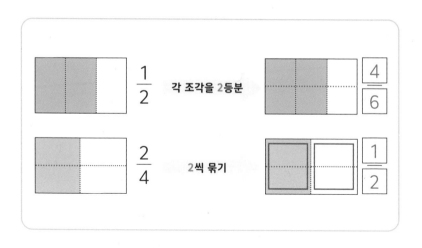

곱하기 2와 곱하기 1/2의 차이점을 이해하기

"엄마, 분수를 곱할 때 왜 이렇게 계산하는 거야?"

라고 묻는 아이에게 화를 내거나 짜증을 낸 학부모님들이 있을까? 만약 우리 아이가 이런 질문을 했다면 박수를 치며 칭찬해줘야 한다. 왜냐하면 대부분의 아이들은 계산하는 방법만 알면 답을 쉽게 구할 수 있기 때문에 계산하는 방법에 대한 '이유'는 궁금해하지 않기 때문이다. 또한 방법 위주의 설명은 아이가 수학을 싫어하게 만드는 계기가 될 수도 있다. 무섭지만 정말 주의해야 하는 부분이다.

초등 5학년 2학기 때부터 초등 6학년 과정에 걸쳐서 배우는 분수의 곱셈과 나눗셈은 원리를 이해하지 않고 '이렇게 계산하는 거야'라고 방법만 설명하는 학부모 또는 선생님들을 많이 보게 된다. '분모가 다른 분수의 곱셈과 나눗셈'은 분수를 정확하게 이해했는지 확인할 수 있으면서, 중등 연산과도 매우 밀접하게 연결되어 있는 내용이다. 그러니 계산하는 방법만 익히는 것은 좋지 않다.

분수의 곱셈과 나눗셈의 원리를 설명할 때는 크게 두 가지 방법이 있다. 첫 번째는 개념을 전달하는 방법이다.

초등 5학년 2학기 2단원 분수의 곱셈을 배울 때, 초등 2학년 과정에서 배운 곱셈의 개념을 다시 한번 상기시켜 주면, 분수 곱하기 자연수에 대한 이해를 높이는 데에 도움이 된다. 곱셈은 같은 수를 여러 번 더하는 것이다. 분수 곱하기 자연수에서도 마찬가지다. $1/4 \times 3$이라면 $1/4$을 3번 더하는 것을 의미하므로 $1/4+1/4+1/4$으로 계산해서 $3/4$ 이라는 것을 이해하기 쉽다. 분수가 진분수이든 대분수이든 간에 똑같은 방식으로 설명한 뒤, 곱셈의 교환 법칙, 즉 곱셈은 자리를 바꿔서 계산해도 답이 같다는 원리를 적용해서 자연수 곱하기 분수도 이해할 수 있다. 이 과정에서 약분하는 것만 추가로 원리를 이해시키면 되는데, 다음과 같은 문제를 통해 이해를 도울 수 있다.

□ 안에 알맞은 수를 써넣으세요.

(1) $\dfrac{1}{10} \times 4 = \dfrac{1 \times \Box}{3} = \dfrac{4}{10} = \dfrac{\Box}{5}$

(2) $\dfrac{8}{3} \times 6 = \dfrac{3 \times 6}{8} = \dfrac{\Box}{4} = \boxed{}$

(3) $\dfrac{4}{15} \times 10 = \dfrac{1 \times \Box}{\Box} = \dfrac{\Box}{3} = \boxed{}$

즉, 분수의 곱셈에서 약분은 곱하고 나서 가장 마지막에 해도 되고, 중간 과정에서 해도 되고, 곱하기 전부터 약분을 해도 된다는 것이다. 단, 이 중에서 쉬운 방법은 곱하기 전이나 중간 과정에서 약분하는 것이다. 숫자가 작을수록 계산하기 쉽기 때문이라는 것을 꼭 함께 설명해주자.

대분수 곱하기 자연수 또는 자연수 곱하기 대분수에서는 초등 3학년 1학기 4단원 곱셈에서 두 자리 수 곱하기 한 자리 수 계산할 때의 원리를 설명하면서 연결시켜주는 것이 좋다. 대분수는 자연수 더하기 진분수 형태라는 것을 아이가 정확하게 이해하지 못한 경우도 많다. 그러니 대분수를 읽는 방법과 그 의미를 이야기하고, 곱셈의 원리와 연결시키면 쉽게 이해할 수 있다. 또한 대분수 곱하기 자연수를 할 때 대분수에서 약분을 할 수 없는 것도 꼭 언급해주자.

$5 \times 3\frac{1}{2}$ 을 계산하는 과정입니다. ☐ 안에 알맞은 수를 써넣으세요.

(1) $5 \times 3\frac{1}{2} = 5 \times \dfrac{\boxed{}}{2} = \dfrac{\boxed{}}{2} = \boxed{}$

(2) $5 \times 3\frac{1}{2} = (5 \times \boxed{}) + (\boxed{} \times \frac{1}{2})$

$= \boxed{} + \dfrac{\boxed{}}{3}$

$= \boxed{} + 2\frac{2}{2} = \boxed{}$

☐ 안에 알맞은 수를 써넣으세요.

(1) $28 \times 7 = \boxed{} + \boxed{} = \boxed{}$

(2) $36 \times 6 = \boxed{} + \boxed{} = \boxed{}$

두 번째는 그림으로 이해하는 방법이다. 초등 교과 수학 문제집을 보면 분수의 곱셈을 그림으로 설명하는 부분이 꼭 있음에도 불구하고, 정작 아이를 가르칠 때는 그림으로 설명하지 않는 경우가 매

우 많다. 앞서 설명한 계산하는 방법 위주로의 설명이 많은 것도 이유가 될 것이다.

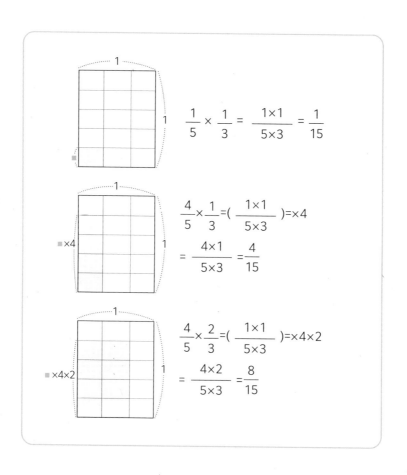

위의 그림을 보면 4/5 그림과 1/3 그림을 합친 뒤에 겹쳐지는 부분을 분수의 곱을 구했다고 볼 수 있다. 다시 말해 4/5의 1/3을 면

저 계산한다면, 4/5의 각각의 1/5 조각을 모두 3개씩 더 등분한 것을 의미한다. 그래서 전체는 15조각으로 등분되고, 분자는 4개씩 2번 더하는 것을 의미하기 때문에 전체를 등분한 15조각에서 8개의 조각이 4/5×2/3의 크기가 되는 것이다. 《분수 개념이 먼저다 4》에도 이 내용이 이해하기 쉽게 잘 설명되어 있다. 이 문제 유형을 잘 활용해서 분수의 곱셈 개념을 다지는 것을 추천한다.

분수의 곱셈에서 무엇보다 중요한 것이 있다. 자연수의 곱셈과 다르게 2×2는 2를 2번 더해서 4가 되지만 2×1/2는 곱하기 1/2이 나누기 2와 같은 의미를 갖기 때문에 오히려 값이 줄어든다는 것이다. '곱셈은 무조건 답이 커진다'는 생각의 오류 때문에 분수의 곱셈 부분에서 실수하는 경우가 적지 않으니, 반드시 자연수의 곱셈과 분수의 곱셈의 차이를 제대로 살펴보는 것이 좋다.

분수의 나눗셈을 공식 외우듯이 익히지 말자

선생님 분수의 나눗셈을 연산 학습에서 배운 적이 있니?

학생 네! 저 분수의 나눗셈 할 줄 알아요!

선생님 그렇구나~ 그럼 5/7÷3/4는 어떻게 구하는 거야?

학생 아, 이거 쉬워요. 나누기 3/4는 뒤집어서 곱하면 돼요

선생님 왜 뒤집어서 곱해야 될까?

초등 6학년 분수의 나눗셈 단원을 들어가기 전에 연산 학습 정도를 확인하다 보면 너무나 흔하게 발생하는 대화 중 하나이다. 10명 중에 10명이라고 할 정도로, 분수의 나눗셈 방법을 정확하게 설명하는 경우가 극히 드물다. 그렇기 때문에 분수의 나눗셈은 개념의 순서를 정확하고 이해하기 쉽게 정리해서 설명해주는 것이 중요하다. 분수의 나눗셈도 분수의 곱셈처럼 초등 3학년 1학기 6단원에서 배운 분수의 개념과 3단원 나눗셈에서 배운 나눗셈의 개념을 연결해서 이해하는 것이 좋다. 자연수의 나눗셈 개념이 훨씬 익숙하기 때문에 분수의 나눗셈을 적용해서 이해하는 것은 아이들의 입장에서 불편하지 않은 설명이다.

먼저, 자연수 나누기 자연수는 분수의 개념과 연결해서 생각할 수 있다. 아래의 문제를 보자. 3을 4로 나누는 것인데 결국 3을 1/4씩 등분하는 것과 같은 의미이다. 전체 1을 모두 4/4로 나타내고, 각각의 전체 1에서 한 조각씩을 모으면 3/4이 되는 것을 알 수 있다. 즉 '÷ 자연수'는 '× 분수'와 같은 의미라는 것을 알 수 있다.

이러한 원리는 진분수, 대분수에도 적용할 수 있다. 진분수 또는 대분수 곱하기 분수에서 이해한 방법과 동일하게 연결할 수 있다.

3÷4의 몫을 구하려고 합니다. 물음에 답하세요.

(1) 3÷4의 몫을 그림으로 나타내 보세요.

(2) ☐ 안에 알맞은 수를 써넣으세요.

$$3÷4=\frac{\square}{\square}$$

☐ 안에 알맞은 수를 써넣으세요.

$\dfrac{9}{7}÷4$는 $\dfrac{9}{7}$를 똑같이 4로 나눈 것 중의 하나이므로 $\dfrac{9}{7}$의 $\dfrac{1}{\square}$인

$\dfrac{9}{7}×\dfrac{1}{\square}$입니다.

➡ $\dfrac{9}{7}÷4=\dfrac{9}{7}×\dfrac{1}{\square}=\dfrac{\square}{\square}$

'÷ 자연수'를 이해할 때는 초등 3학년 때 배운 나눗셈의 개념과 연결해서 이해할 수 있다. 하지만 앞에서도 설명한 초등 3학년 1학기 3단원 나눗셈에서 배운 나눗셈의 2가지 개념을 정확하게 구분하지 못하는 경우가 많다.

똑같이 나누어서 한 곳에 들어 있는 개수 알아보기	똑같이 묶어 덜어 낸 수 알아보기
사탕 8개를 두 사람에게 똑같이 나누어 주면 한 사람이 몇 개씩 가질 수 있을까요?	사탕 8개를 한 명이 두 개씩 가지면, 몇 사람이 가질 수 있을까요?
8÷2=4(개)	8÷2=4(봉지)

나눗셈은 등분제와 포함제라고 하는 2가지 개념이 있다. 그중 포함제의 개념을 분수의 나눗셈에 적용해서 살펴볼 수 있는데, 포함제는 똑같이 묶어 덜어낸 수를 알아보는 것으로 "사탕 8개를 한 봉지에 2개씩 담으면 몇 봉지가 될까요?" 같은 유형의 문제를 해결할 때 적용되는 개념이다. 즉 사탕 8개 중에서 2개씩 빼면, 몇 번을 빼야 남는 것이 없는지를 구하는 것이다.

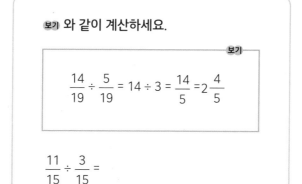

$$0 \quad \frac{1}{6} \quad \frac{2}{6} \quad \frac{3}{6} \quad \frac{4}{6} \quad \frac{5}{6} \quad 1$$

(1) $\frac{5}{6}$에는 $\frac{1}{6}$이 $\square$번 들어갑니다.

(2) $\frac{5}{6} \div \frac{1}{6} = \square$

분모가 같고 분자끼리 나누어 떨어지는 숫자가 아닐 경우에는 앞서 살펴본 자연수 나누기 자연수에서 나눗셈의 계산을 한 것처럼 이해할 수 있다. 그래서 분모가 다른 분수의 나눗셈을 통분해서 분자끼리의 나눗셈으로 계산하는 것으로 답을 구할 수 있는 것이다.

보기 와 같이 계산하세요.

보기

$$\frac{14}{19} \div \frac{5}{19} = 14 \div 3 = \frac{14}{5} = 2\frac{4}{5}$$

$$\frac{11}{15} \div \frac{3}{15} =$$

이 원리를 이용해 분수의 나눗셈에서 '÷ 분수'를 통해 분모와 분자를 뒤집어서 곱하는 이유를 설명할 수 있다. 이 과정은 숫자보다는 그림으로 이해하는 것이 훨씬 쉽다.

종종 분수의 개념이 정확한 친구들 중에서 이러한 방법으로 계산하는 경우도 있다. 예를 들어 "설탕 1봉지의 3/8이 6kg이라 할 때 설탕 1봉지의 무게는 얼마인가?"라고 묻는 문제라고 해보자. 이 때

설탕 1봉지의 크기를 구하려면 먼저 설탕 3/8의 크기가 6kg인 것을 알기 때문에 먼저 1/8의 크기를 구하기 위해 6÷3을 계산해서 1/8의 크기를 구한 뒤, 1/8이 8개 있어야 전체 1이 되므로 곱하기 8을 해서 답을 구한다. 분수의 나눗셈 방식인 '나누는 수의 분수를 뒤집어서 곱하는 방식'으로 해결하지 않았지만, 분수의 개념을 정확하게 이해하고 있기 때문에 단위분수의 크기를 구해서 계산한 모습이다.

　연산 문제에서 중간식을 쓴다면 다음 문제의 〈보기〉처럼 쓰게 된다. 결구 나누기 자연수는 원래대로 나누기 자연수를 처리하면 되지만, 나누기 분수는 곱하기 자연수를 한 것과 동일한 의미로 처리하게 되는 것이다.

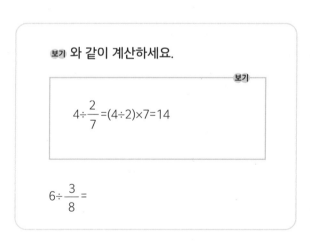

보기 와 같이 계산하세요.

보기

$$4 \div \frac{2}{7} = (4 \div 2) \times 7 = 14$$

$$6 \div \frac{3}{8} =$$

분수의 나눗셈은 나누어지는 값이 작아지는 것이 아니라 오히려 답이 커지는 경우가 훨씬 많다. 나누기 분수가 결국 곱하기 분수로 계산되기 때문이다. 분수의 곱셈과 나눗셈은 자연수의 곱셈이나 나눗셈과 다르게 결과 값을 예상해야 연산 오류가 있었는지를 정확하게 판단할 수 있다.

10-11세 연산 로드맵 목표와 점검 방법

10-11세 친구들은 연산 실력의 편차가 훨씬 더 크게 나타나는 때이다. 연산 테스트를 진행해보지 않아도 수학 학습 진도만 봐도 알 수 있을 만큼 연산 실력이 그대로 드러나는 시기이다. 따라서 연산 실력을 정확하게 판단해서 그에 맞는 복습이나 선행 학습 등의 계획을 세우는 것이 좋다. 단, 여기서 중요한 것은 아이가 수학에 대한 이미지가 긍정적인지 또는 부정적인지 알아보는 것이다. 그에 따라 학습 계획 및 목표는 조금씩 수정해야 한다. 10-11세 친구들은 남녀 상관없이 학습 결과에 따라 신경을 많이 쓰거나 부모님의 잔소리를 민감하게 받아들일 수 있는 시기이기 때문이다.

우선, 10-11세 친구들 중 수학 학습 진도가 자기 학년 수학 진도인 경우에는 연산 실력이 다소 약할 가능성이 높다. 그렇기 때문에 연산 실력을 점검할 때, 현재 진행하고 있는 연산 진도에 맞춰서 테스트를 하지 않고, 2-4학년에 걸쳐서 다양하게 연산 테스트를 진행하는 것이 좋다. 굳이 초등 2-3학년 연산까지 체크해야 하는지 의아할 수도 있다. 10-11세 부분만 확인해서는 연산의 원리를 정확하게 아는지, 모른 채 연습을 통해서 기계적으로 계산하는지 파악하기가 어렵다. 그렇기 때문에 범위를 넓혀서 골고루 점검하는 것이 연산의 구멍을 정확하게 찾을 수 있는 방법이다.

2-4학년에 걸쳐서 연산 테스트를 진행해 확인할 부분은 아래와 같다.

초등 2학년 1학기 3단원 덧셈과 뺄셈	두 자릿수 곱하기 한 자릿수
초등 3학년 1학기 4단원 곱셈	두 자릿수 덧셈 / 두 자릿수 뺄셈
초등 3학년 2학기 1단원 곱셈	두 자릿수 곱하기 두 자릿수
초등 3학년 2학기 2단원 나눗셈	두 자릿수 나누기 한 자릿수

이 중에서 두 자릿수 곱하기 두 자릿수 부분 외에는 모두 가로셈으로 진행하는 것이 좋다. 초등 4학년 과정에는 중요한 연산 단원이 많지 않고, 분수나 소수 등의 개념과도 연결되는 내용이기 때문에 자연수 범위의 연산을 점검하는 것을 우선으로 진행하자. 초등 5학년 이상의 교과 과정을 자기 학년 진도로 진행하는 경우라면 초등 5학년 1학기 5단원 분수의 덧셈과 뺄셈 단원의 내용을 테스트해보는 것이 좋다.

테스트를 진행했을 때, 연산 속도와 정확성 모두 중요하지만 우선순위를 따지자면 정확성을 먼저 확인하는 것이 좋다. 위에 제시한 테스트 내용 중에서 두 자릿수 곱하기 두 자릿수에서 한두 문제 오답을 나오는 것을 제외하고, 정답률은 대체적으로 100%인 것이 좋다. 만약 그렇지 못하면, 해당 부분을 다른 날 다시 한번 테스트해보자. 두세 번의 테스트를 통해서도 정확성이 일정하게 나오지 않는다면 복습을 하는 것이 좋다.

하지만 10문제를 1분 안에 풀면서 100점을 맞은 것과 10분동안에 풀면서 100점을 맞은 것은 굉장히 큰 차이라고 할 수 있다. 그렇기 때문에 위의 테스트 내용 중에서 연산 정확도가 알맞게 나왔다고 하더라도 테스트 시간이 3, 4분 이상 소요되었다면 해당 부분도 복습을 하는 것이 좋다(두 자릿수 곱하기 두 자릿수 부분 제외). 두 자릿수 곱하기 두 자릿수는 연산 정확도를 먼저 확보하는 것이 중요하기 때문에 연산 속도에 너무 민감하게 신경 쓰지 않아도 괜찮다. 하지만 나머지 부분에서 생각만큼 정확도와 속도가 함께 나지 않는다면 방학 등의 기간을 활용해서 복습을 진행해보자.

현재 수학 선행 진도를 진행 중인 경우에는 자기 학년에 해당하는 연산 범위와 수학 선행 진도로 나가고 있는 내용에서 연산 테스트를 진행하는 것이 좋다. 예를 들어 초등 5학년 친구가 여름방학 시기에 초등 6학년 2학기 내용을 예습 중이라면, 초등 5학년 1학기에 나오는 연산 영역 단원의 연산 테스트와 초등 6학년 2학기 부분의 연산 테스트를 진행해보는 것이다. 수학 선행 진도가 중등 과정 이상을 나가고 있는 경우에는 선행 진도에 해당하는 연산 테스트를 따로 진행하지 않아도 괜찮다. 보통 중등 과정 이상의 수학 학습을 할 때는 문제집 푸는 과정에서 오답 유형, 오답률 등으로 푸는 속도나 정확성을 쉽게 판단할 수 있다. 그렇기 때문에 학습을 진행하는 과정에서 연산이 부족하다는 것을 충분히 알아차릴 수 있다. 중등 과정 이상의 수학 학습이 아직 익숙하지 않아서 자신의 연산 실력보다 더 많이 틀릴 수도 있다. 최소 2번 이상의 학습이 이뤄진 부분에 대해서 연산 학습을 복습으로 추가할지 여부를 결정해보는 것을 추천한다.

혹시라도 중등 과정 이상의 선행 학습 중이지만 연산력이 약한 친구들은 신중하게 고민해봐야 한다. 학원에 다니면서 진도에 따라 가다보니 생각보다 연산력이 많이 약한데도 불구하고 진도만 진행된 경우가 있다. 이때에는 초등, 중등 과정에서 속도를 늦춰야 할 부분과 복습을 하기 위해 학습을 추가해야 할 부분을 결정해야 한다. 선행 학습을 완전히 멈추는 것은 아이에게 실패감을 느끼게 해줄 수 있기 때문에 권하지 않는다. 선행 진행 속도를 늦추더라도 천천히 학습해 나가면서 연산 구멍이 생긴 부분을 보충하는 것이 좋다. 연산 구멍이 있다는 것은 단순히 연산 학습만의 문제가 아니라 중등 수학 학습 성취도에도 분명히 영향을 주기 때문이다. 이 부분도 종합적으로 고려해서 10-11세 친구들의 연산 로드맵을 계획해나가는 것을 추천한다

3

수학을 잘하는 아이
vs
연산만 잘하는 아이

간혹 연산이 중요하지 않다는 이야기를 듣게 된다. 연산을 잘 해도 중, 고등 과정에서 이해해야 하는 개념이 어렵고, 해결해야 하는 문제의 난이도가 만만치 않으니 문제를 푸는 힘을 키워야 한다는 이야기이다. 하지만 나는 그 의견에 반대한다. 수와 기호, 문자로 소통하는 수학에서 수와 기호 처리가 불편하거나 능숙하지 않으면 문제를 정확하게 이해하고 해석하는 데에 영향을 미친다. 자연스레 문제 풀이 전략을 알맞게 사용하지 못하게 된다. 예를 들어, 아이들은 종종 문제에서 주어진 두 수를 더하면 안 되는데 더하기도 한다. 이런 경우 아이가 문제 이해를 못했다고 생각하겠지만, 그렇지 않다. 연산의 원리를 제대로 이해하지 못했기 때문에 문제 상황에 맞는 연산을 선택하지 못하는 것이다. 수학에서 연산을 잘한다는 것이 수학 실력을 보장해주지 않는다. 하지만 기본적인 연산이 안 되어 있으면 수학을 잘하기 위한 문제 푸는 힘도 제대로 쌓이지 않는다는 것을 꼭 이야기해주고 싶다.

수학을 잘하는 아이들은 대체적으로 연산을 잘한다. 하지만 연산을 잘하는 아이들이 모두 다 수학을 잘하는 것은 아니다. 그럼 수학을 잘하는 아이와 연산만 잘하는 아이는 무슨 차이가 있을까? 우리 아이가 연산 잘하는 아이가 아닌, 수학을 잘하는 아이가 되게 하려면 연산 학습을 어떻게 시켜야 할까?

연산만 잘하는 아이가 되는 3가지 원인

학부모 선생님, 저희 아이가 연산 진도는 빠른데, 사고력 문제집이나 교과 문제집 풀 때 많이 틀리고요. 조금만 어려우면 모르겠다고 포기해버려요. 왜 그럴까요? 연산을 다시 복습시키면 될까요?

종종 수학 공부를 할 때 연산 학습이 중요하다는 것을 알고 지나치게 많이 시키거나 지나치게 연산 진도를 빨리 나가는 등의 오해를 하시는 경우가 있다. 오해라고 표현한 이유는 연산 학습이 중요한 것은 맞지만, 연산 학습이 중요한 이유를 잘못 해석하고 지나치게 학습을 진행했기 때문이다. 이렇게 연산 학습을 진행하면 생각을 깊게 하지 않고, 정답이 빨리 나오지 않는 문제를 맞닥뜨리면 참지 못하고 쉽게 포기하는 등의 모습을 보일 가능성이 높아진다. 아이들은 연산 학습을 할 때 학부모가 보인 반응에 많은 영향을 받는다. 그러니 아이들의 수학 학습 태도가 학부모의 입장에서 아쉬운 모습이더라도 가능한 내색하지 않는 게 좋다.

엄마가 채점만 열심히 해서 다 아는 줄 알아요

우리가 아이의 수학 문제집을 채점할 때의 모습을 떠올려보자. 아이가 쓴 답이 정답이든 오답이든 상관없이 꼼꼼하게 살펴보고, 오답이라면 왜 이 오답을 썼을지 생각해본 적이 있는가? 또는 오답이 나온 이유가 잘 이해되지 않아서 답지의 풀이와 우리 아이가 쓴 풀이를 비교해서 살펴본 적이 있는가? 초등학생 때는 수학을 잘 하다가 중등, 고등으로 올라갈수록 수학을 못하는 가장 큰 이유는 초등 수학을 정확하게 학습했는지 확인을 하지 않았기 때문이다. 초등 수학에서는 비슷한 문제도 많이 나오고 문제집 구석구석에 힌트도 쓰여 있고, 예시 문제를 보면서 따라 풀다보면 정답을 맞힐 수 있다. 그런데 오답을 꼼꼼하게 살펴보지 않고 채점만 열심히 하고, 틀린 문제를 열심히 고치게만 한다면 연산 학습에 구멍이 발생할 수밖에 없다.

연산 문제집에는 똑같은 문제가 여러 번 반복해서 나온다. 기억력이 좋은 친구들은 똑같은 문제가 앞부분에 나왔다는 것을 기억하고, 찾아서 답을 옮겨 적는 경우도 많다. 쉬운 단계의 연산 문제집이라면 바로 옆 페이지에 똑같은 문제가 있으니 연산 문제집이 풀기 싫은 친구들이 잔머리를 안 굴릴 수가 없는 것이다. 그렇기 때문에 오답이 나오는데, 단순하게 집중을 안 해서, 또는 실수라고 생각하고 그 잔소리만 하고 넘어가게 된다. 연산 문제집을 채점할 때는 채점만 하지 말자. 사실 채점을 안 해도 된다. 공부한 날, 공부한 부분에서 5~10문제 정도 직접 묻고 답을 암산하게 해보거나, 한 문제를 골라서 왜 이렇게 풀어야 하는지 원리 등을 묻는다면 채점 후 연산 오답을 정정하지 않아도 충분히 연산 실력을 쌓아 나갈 수 있다.

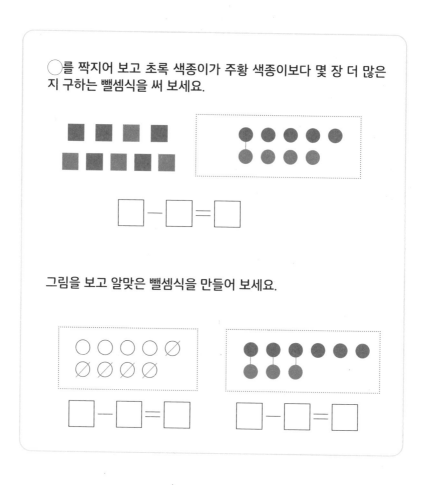

○를 짝지어 보고 초록 색종이가 주황 색종이보다 몇 장 더 많은 지 구하는 뺄셈식을 써 보세요.

그림을 보고 알맞은 뺄셈식을 만들어 보세요.

위의 연산 문제는 빠르면 4-6세 사이에 분명 경험했을 문제이다. '6빼기 3'의 답은 당연하게 안다. 하지만 이런 뺄셈의 원리를 이해했는지 묻는 문제에서 엉뚱하게 식을 만들거나 문제에서 무슨 말을 하느지 모르는 아이도 상당히 많다. 비단 초등 1-2학년 때에만 이런 문제가 확인되는 것은 아니다.

□ 안에 알맞은 수를 써넣으세요.

(1) 315×3

=300×3+10×□ +5 ×□

= □ + □ + □

= □

(2) (500 - 2)×4=4-2 ×□

= □ - □

= □

위의 문제처럼, 중간식의 빈 칸을 채우면서 답을 구해야 하는 문제인데, 답을 먼저 구해 놓고 위로 거슬러 올라가며 빈 칸을 채우는 아이도 많다. 주어진 연산을 어떤 원리로 계산해서 풀어갈지를 묻는 문제인데 원리를 모르고 답을 구하는 방법만 알고 있으니 '거꾸로 풀기'를 하면서 답을 끼워 넣는 것이다.

연산 학습을 할 때, 연산 속도와 정확성이 중요하다고 했지만 어디까지나 연산의 원리 이해가 전제되어야 한다. 연산의 원리를 이해하지 못한 채 정답을 찾는 요령만 키우면 중, 고등까지 탄탄하게 버티는 수학 실력을 만들 수 없다. 그렇기 때문에 연산 문제집에서 정답을 맞힌 문제들도 여러 번 확인하면서 꼼꼼하게 실력을 쌓아 나가야 한다.

어떻게 풀었어? 기억이 났어요!

가끔 수학 문제를 푼 학생에게 "이 문제를 어떻게 풀었는지 설명해볼까?"라고 물으면 "그냥 기억이 났어요."라고 말하는 친구들이 있다. 또는 수학 문제를 모른다고 질문하는 중에 "선생님, 이 문제 푸는 방법이 기억이 안 나요."라고 말하는 경우가 있다. 하지만 초등 수학은 문제 푸는 방법을 따로 알아야 할 만큼 유형이 다양하지 않다. 그러니 초등 수학 단계에서는 문제를 푸는 방법을 기억하기보다 왜 그런 방법으로 문제를 풀어야 하는지 과정을 이해하고 기억하는 것이 좋다.

연산 학습을 할 때도 마찬가지이다. 예를 들어 두 자릿수 덧셈을 세로셈 할 때 받아올림 표시를 쓰면서 하는 방법을 알려줬다고 하자. 이때 받아올림 표시를 왜 이렇게 했는지를 물으면 이유를 설명하지 못한다. 받아내림 표시도 어떤 순서로 받아내림 표시를 쓰면서 답을 구해야 하는지 모른다. 수학 문제를 틀려서 알려주려고 할 때 "43에서 19를 빼려면 3에서 9를 못 빼지? 그러니까 4 위에 짝대기 긋고 3이라고 쓴 다음에 3 위에 10이라고 쓰는 거야. 그럼 여기에 10이랑 3이 있으니까 13에서 9를 빼면 얼마지? (아이가 정답을 말하면)그래 맞아. 그럼 여기도 나머지 답도 써 보자." 이렇게 주입식으로 설명하는 경우가 많다. 학부모나 선생님들이 노력하려고 해도 고등학교 때 수학 공부를 한 기억이 가장 최근의 기억으로 남아있다보니, 그때의 설명 방법이 익숙하고 비슷한 방식으로 설명하게 되는 것은 충분히 이해할 수 있는 일이다. 하지만 초등 수학 과정에서 이렇게 설명한다면 아이들은 자신의 기억력에 의존하는 수학 공부를 하게 된다. 아무리 지능이 좋고 기억력이 좋아도 오래 버티는 실력이 되지는 못한다.

아이한테 연산 원리 등의 설명을 할 때는 항상 질문형으로 하는 것이 좋다. 아이한테 묻고 답을 못하더라도 기다린 후에 설명해주고, 다시 묻는 방식을 되풀이하는 것이다. 예를 들어 위의 상황에서 설명한다면,

학부모 43에서 19를 빼려면 어떻게 해야 될까?

아이 …

학부모 43에서 19을 뺄 수 없을까?

아이   아니에요 뺄 수 있어요.

학부모   왜 뺄 수 있다고 생각했어?

아이   43은 19보다 크니까 뺄 수 있어요.

학부모   아! 그럼 40이랑 3을 따로 나눠서 생각해보면 어떨까?

아이   아! 40에서 19를 먼저 빼면… 음 21이에요.

학부모   그럼 아까 있었던 3은 어떻게 하지?

아이   3을 빼요?

학부모   원래 43에서 19를 빼려고 했는데 40에서 19를 뺐으면 아까보다 3이 작아졌잖아. 근데 3을 또 빼면 답이 더 작아질텐데?

아이   아! 그럼 3을 다시 더해요.

받아내림 표시를 쓰면서 하는 뺄셈 방법으로 설명하지 않았지만, 아이와 함께 주거니 받거니 대화를 하면서 연산 원리를 살펴볼 수 있는 뺄셈 방법이다. 이런 뺄셈 방법을 알려주고 받아내림도 하나의 방법이라고 알려주는 것이 아이의 기억에 더 오래 남는다

수학을 잘하는
아이가 되는 3가지 방법

수학을 잘하는 아이가 되는 3가지 방법은 연산 학습에서 꼭 지켜야 할 룰이라고 생각하는 것이 좋다. 수학을 잘하려면 이 외에도 여러 학습 습관이나 태도가 필요하지만, 연산 학습에서 절대로 놓치면 안 되는 것에 대해서 이야기해보겠다.

연산 학습을 할 때도 사고력을 기르자

연산 학습을 통해서는 사고력을 향상시키기 어렵다고 생각하는 경우가 많다. 하지만 그렇지 않다. 연산 학습에서 정답을 맞히는 것에만 그치지 않고 그렇게 계산해야 하는 이유를 생각하고, 자릿값이 많은 숫자에 적용해보는 과정에서 사고력을 향상시킬 수 있다. 예를 들어 아래와 같은 문제를 살펴보자.

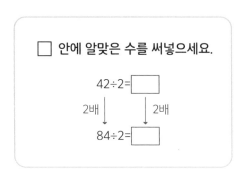

아이들은 이 문제를 풀 때 42÷2 / 84÷2 각각 답을 구해 정답을 맞춘다. 하지만 이런 문제에는 의도가 있다. 나눗셈 식에서 나누어지는 수가 2배가 되면 몫도 2배가 된다는 사실을 보여주는 것이다. 그래서 위의 식과 아래의 식 사이에 화살표 표시가 있고, 살펴보게끔 되어 있다. 하지만 대부분의 아이들은 각각의 식의 값만 구하면 된다고 생각하고, 채점하는 엄마도 맞았으니까 다시 확인하지 않는다. 이런 문제는 의도가 무엇인지 아이에게 물어봐야 한다. 어떤 연산의 원리를 물으려고 하는지 아이가 생각해보는 시간을 갖게 유도해야 한다는 것이다.

일일수학
11math.com

3학년 1학기
4.곱셈
몇십 몇 X 몇 (십, 일의 자리 올림 있음) 🅱

문제지번호 745535A2

2024-01-19

곱셈을 하세요.

① 36 X 5 = 180

② 74 X 5 = $740 \div 2$
= 370

③ 34 X 4 = 68+68
= 136

④ 64 X 5 = $640 \div 2$
= 320

⑤ 56 X 7 = 280+112
= 392

⑥ 84 X 8 = 840-168
= 672

⑦ 88 X 5 = $880 \div 2$
= 440

⑧ 57 X 3 = 114+57
= 171

⑨ 76 X 6 = 380+76
= 456

⑩ 67 X 4 = 134+134
= 268

⑪ 32 X 8 = 320-64
= 256

⑫ 46 X 8 = 460-92
= 368

⑬ 24 X 5 = $240 \div 2$
= 120

⑭ 87 X 9 = 870-87
= 783

⑮ 54 X 6 = 270+54
= 324

⑯ 23 X 8 = 230-46
= 184

⑰ 33 X 4 = 66+66
= 132

⑱ 57 X 9 = 570-57
= 513

⑲ 45 X 3 = 90+45
= 135

⑳ 66 X 6 = 330+66
= 396

㉑ 67 X 5 = $670 \div 2$
= 335

㉒ 65 X 4 = 130+130
= 260

㉓ 95 X 2 = 95+95
= 190

㉔ 98 X 2 = 98+98
= 196

●● 여러 가지 방법으로 연산하기

    아이들은 연산 학습을 할 때 더 빠르고 쉽게 구하는 방법을 고민해봐야 한다. 여러 가지 연산 방법을 알고 활용할 줄 안다는 것은, 주어진 식의 수를 보고 더 빨리 답을 구할 수 있는 방법을 선택할 수 있다는 뜻이다. 그렇다면 답을 구하는 방법을 한 가지만 알고 있는 것과 자기에게 더 쉽고 편한 2, 3가지 중에서 선택하는 것 중, 어떨

때의 처리 속도가 더 빠를까? 당연히 여러 가지 방법 중 답을 가장 빠리 구하는 방법을 선택할 수 있는 때이다. 위의 연산 학습지는 아이들이 처리한 과정을 중간식으로 작성하고 답을 구한 모습이다. 이 아이들은 평소에도 암산을 잘 하고 연산 문제를 푸는 속도가 빠른 편이다. 수에 따라서 계산을 빠리 할 수 있는 방법을 끊임없이 생각하기 때문에 연산 속도는 더 빠라지고 더 정확해진다.

하루 학습량을 집중력 있게 끝내자

아이들은 대부분 연산 학습을 지루해하고 재미없다고 느낀다. 그래서 연산 학습을 하기 싫어하는 아이들의 마음을 어느 정도 이해할 수 있다. 하지만 그렇다고 연산 학습을 불규칙하게 시키거나, 또는 30분에서 1시간씩 붙잡고 길게 연산 학습을 시키는 것은 좋지 않다. '집중력 있게' 연산 처리를 하는 시간을 가져야 연산 실력이 느는 것이다. '집중력 있게' 라는 것은 긴 시간을 뜻하지 않는다. 단 5분이라도 집중력 있게 연산 학습을 하면 연산 실력을 지속적으로 향상시킬 수 있다.

하루 학습량을 집중력 있게 끝내려면 먼저 적당한 하루 학습량이 어느 정도인지 살펴봐야 한다. 아이가 5~10분 정도의 시간 안에 마무리할 수 있는 양이면 하루 학습량으로 충분하다. 연산 문제집은 조금 어려운 것 말고, 쉽고 만만하게 할 수 있는 문제집으로 골라 진행하는 것이 좋다. 연산 문제집이 아이의 실력에 비해 다소 어려운 경우에는 비슷한 학습량이라도 학습 시간이 많이 필요하고, 이 상황이 반복되면 아이들은 싫증을 느끼고 점점 더 학습 시간이 오래 걸리게 된다. 이때는 학습량을 조절하는 것이 아니라 연산 문제집 단계를 조정해야 한다. 점차 난이도를 올렸는데 아이가 갑자기 어려워한다면, 이전 단계의 학습량이 아이가 수월하게 풀 수 있을 정도로 충분하지 않았다는 뜻이다. 그럴 때는 다른 교재로 좀 더 복습하는 것이 좋다. 연산 문제집의 단계가 적당하다면 5, 10분 정도의 시간에 약 2~3장 정도 풀 수 있을 것이다. 학년이 올라갈수록 1장~1장 반으로 줄어들 수도 있다.

하루 학습량을 정했으면 일주일에 몇 번 진행할지 결정한다. 매일 하는 것이 좋지만, 일주일에 2, 3번을 해도 연산 실력을 향상시킬 수 있다. 일주일에 몇 번 하는지보다 한 번 할 때 제대로 하는 것이 중요하다는 뜻이다. 하지만 연산 진도가 아이 학년에 비해 늦은 경우에는 연산 학습에 집중하는 것이 좋다. 이때는 매일 하는 것이 좋고, 경우에 따라서 2가지 종류의 교재를 아침, 저녁에 풀게 해도 된다. 연산 학습량을 늘리고, 대신 한 번에 20~30분 진행하지 않도록 적당히 시간 분배를 하도록 한다.

개념과 원리를 설명할 수 있게 질문하자

어떤 연산 문제집이든 반복되는 문제 유형이 있다. 연산을 빠르고 정확하게 잘하려면 반복 학습은 필요한 부분이다. 아이들에 따라서 반복 학습 정도의 차이가 있을 뿐이다. 다만 반복 학습을 하다 보면 아이들이 개념과 원리를 중요하게 생각하지 않는 태도를 갖기 쉽다. 정답을 구했으니까 왜 그렇게 구해야 하는지에 대해서 고민해보지 않는다는 뜻이다. 개념과 원리를 이해하고 잘 기억하고 있으면 문제를 풀고 그냥 넘어가도 괜찮다. 하지만 개념과 원리를 묻는 질문을 했는데 설명하지 못한다면 아이의 연산 학습 태도를 잘 살펴볼 필요가 있다.

개념과 원리를 중요하게 생각하지 않는 태도는 중, 고등과정으로 올라갈수록 수학 실력을 유지하기 어렵게 만든다. 개념과 원리 학습은 중, 고등과정으로 갈수록 매우 중요하기 때문이다. 연산식에서 빈 칸이 있을 때 어떻게 구해야 하는지, 문장제 문제에서 왜 이 연산을 선택해야 하는지 등을 질문해 보자. 아이가 나름의 이유를 말하면서 설명할 수 있으면 개념과 원리를 전혀 모르는 것은 아니라고 할 수 있다.

연산, 누구나 가르칠 수 있지만, 아무렇게나 가르쳐서는 안 돼요!

유아, 초등학생들을 가르치다 보면 수학이 싫다고 이야기하는 친구들 중 거의 대부분이 '연산 때문에 싫다'고 합니다. 연산 때문에 답이 틀려서 창피하다고 느낀 경험이 있거나 연산 때문에 문제 풀이 속도가 늦어 친구들이 자신을 수학을 못하는 아이라고 생각한다고 느끼기도 합니다. 이런 경험 때문에 자신감이 점점 떨어지고, 수학을 싫어하게 된 친구들이 생각보다 훨씬 많습니다. 수학을 좋아하지 않거나 싫어하는 친구들은 연산 학습을 싫어하거나 연산 문제를 자신 없어 합니다.

수학에서 연산은 기초 중 기초라고 생각하는 학부모님 입장에서는 연산을 싫어하는 아이의 모습을 보면 애가 타실 겁니다. 말로만

들던 '수포자(수학포기자)'가 우리 아이가 될까 봐 겁나고 불안한 마음이 가득할 수밖에 없다는 것을 충분히 이해합니다. 그래서 연산 학습을 다루는 유튜브 영상이나 글 또는 연산 학습 관련 엄마 대상 강의, 엄마표 프로젝트 또는 특강 수업 등은 언제나 인기가 많습니다. 그때마다 말씀드렸던 내용 중, 정말 중요하고 가장 효과적인 방법들만 추려서 책으로 정리해봤습니다.

'수학은 나선형 구조로 이뤄져 있다'는 이야기를 많이 들어 보셨을 겁니다. 개념이 차곡차곡 쌓이지 않은 채 공부를 하는 것은 '모래 위에 성 쌓기'와 같다는 뜻입니다. 아이가 연산 학습에 어려움을 느끼고 있다는 것은 단순히 현재 푸는 연산 문제집이 어렵다는 뜻이 아닙니다. 그 이전부터 누적되어 왔던 어려움이 아이도 느끼지 못한 채 조금씩 쌓이다가 도저히 안 되겠다고 느끼는 순간에 문제점으로 드러납니다. 아이가 연산 학습을 어려워한다는 사실을 조금만 더 빨리 알아차린다면 훨씬 쉽게 아이를 도와주고, 문제점도 빠르게 고칠 수 있습니다.

책에는 각 과정마다 완성도의 기준을 제시해 드렸습니다. 연산 학습의 어려움이 어디서 시작되었는지 찾는 것은 가장 중요하면서도 사실 조금 어려운 부분입니다. 연령대별로 제시해드린 연산 학습의 완성도 기준을 처음부터 끝까지 읽어 보시기를 바랍니다. 3-4세 때 신경 쓰지 못한 부분이 있어서 6-7세 때에 연산학습의 어려움을 느끼는 것이기 때문에, 현재 연령 이전에 신경 쓰지 못한 부분이 무엇일지 알고, 해당 부분을 지금이라도 챙겨 주신다면 연산의 기초가 조금씩 단단해지는 것을 느끼실 겁니다.

이 책에서 알려드리는 연령별 연산 학습에 도움이 되는 여러 가지 수학 활동이나 교구, 동화책 중에서 모든 것을 다 하려고 하지 마시고, 아이가 좋아하는 한 가지라도 집중적으로 반복하면 충분히 연산 학습의 효과를 얻으실 수 있을 겁니다. 연산 학습을 도와주고 싶은 엄마의 마음이 굴뚝같을 지라도, 숙제처럼 진행하면 아이는 오히려 거부감을 느낄 수 있으니 좋은 상호작용이 될 만한 것들을 선택해보세요.

마지막으로 연산 학습 지도는 모든 가족 구성원이 도울 수 있습니다. 중요한 몇 가지 원리와 체크하는 방법 등을 알고 계시면 전문적인 지식 없이도 아이의 연산 구멍을 해결할 수 있습니다. 간단한 일상 속 활동을 통해 아이의 연산 능력을 향상시킬 수 있기 때문에 엄마 또는 아빠, 할머니, 할아버지까지 아이와 함께 시간을 보내는 중에 연산이 스며들게 해주세요. 예를 들어 쇼핑을 가면 아이에게 물건 가격표를 읽게 하거나, 가격을 더하거나 할인율을 계산하게 해 보세요. 요리를 할 때는 재료의 양을 반으로 줄이거나 두 배로 늘리는 방법을 아이와 함께 계산해보는 것도 좋은 연습이 됩니다. 이러한 활동은 아이가 수학을 일상 생활과 연결해 이해하도록 돕고, 학습에 대한 흥미를 유발할 것입니다. 연산에 대한 막연한 거부감을 해소하는 것만으로도 연산 실력을 올리는 데에 긍정적인 작용을 할 것입니다.

아이의 연산 능력 향상은 단순히 학교 성적을 넘어서 중요한 문제입니다. 연산 능력은 아이가 성공적으로 사회에 적응하고, 일상 생활을 효율적으로 관리할 수 있는 기본적인 능력을 의미합니다. 부모님, 보호자님, 할머니, 할아버지 모두가 아이의 연산 학습에 적극적으로 참여함으로써, 아이가 수학에 대한 자신감을 갖고, 학습에 대한 긍정적인 태도를 형성할 수 있도록 도와주세요. 여러분의 관심과 지원은 아이가 학습 과정에서 큰 성공을 거둘 수 있는 기반을 마련해 줄 것입니다

수학 최상위권을 위한 엄마표 연산 로드맵

초판 1쇄 인쇄 2024년 3월 5일
초판 1쇄 발행 2024년 3월 15일

지은이 김민희
펴낸이 이범상
펴낸곳 (주)비전비엔피 · 애플북스

기획 편집 차재호 김승희 김혜경 한윤지 박성아 신은정
디자인 김혜림 최원영 이민선
마케팅 이성호 이병준 문세희
전자책 김성화 김희정 안상희 김낙기
관리 이다정

주소 우) 04034 서울특별시 마포구 잔다리로7길 12 (서교동)
전화 02) 338-2411 | **팩스** 02) 338-2413
홈페이지 www.visionbp.co.kr
인스타그램 www.instagram.com/visionbnp
포스트 post.naver.com/visioncorea
이메일 visioncorea@naver.com
원고투고 editor@visionbp.co.kr

등록번호 제313-2007-000012호

ISBN 979-11-92641-27-0 03370

- 값은 뒤표지에 있습니다.
- 잘못된 책은 구입하신 서점에서 바꿔드립니다.
- 저자와 협의하여 인지를 생략합니다.